「あ〜めんどくさい!」と思った時に読む

ママ友の距離感

そうか!
こう考えれば
よかったんだ!

西東桂子

青春出版社

はじめに

この本を手に取られたあなたは、「ママ友の世界」にこれから入っていこうとしている方でしょうか。それとも、「ママ友の世界」ですでに息苦しさを感じ始めてしまい、なんとか打開策を見つけたいと思っている方でしょうか。

どなたにも思い当たることがあるはずですが、女性が複数集まればたいてい多少の摩擦はあるものですよね。さかのぼれば義務教育の時代の同級生関係から始まって、学生時代のサークル活動の関係、職場の関係、そして今が「ママ友の世界」。それに並行して、習い事やボランティア活動の仲間関係……。年齢を重ねても同窓の関係、地域の関係と、さまざまな形で女性同士の関係はいつも身近なところに存在しています。

なかでも特殊なのが幼稚園や小学校の「ママ友の世界」です。

その理由は、あなた個人の意思で完結する関係性ではなく、子ども同士の関係性も絡んでくる〝パラレルな世界〟だという点にあります。複層構造の関係にはトラブルが発生しやすく、そのトラブルは面白おかしく、あるいはおどろおどろしく強調しやすいため、テレビドラマや小説の格好の舞台となります。

そうしたドラマや小説で先に「ママ友の世界」を見知ってしまった人は、自分が初めてそこへ入っていくときに一種の恐怖を感じてしまいがちですが、実際には、毎日大きなトラブルが起こるはずもありません。

もちろん、「トラブルなんてありません」と優等生的に言うつもりはないけれど、ちょっとした知恵と気配りを持っていれば、小さなトラブルは上手に回避することができるのです。

キーワードは「距離感」。ママ友づきあいで悩んだり苦しんだりしているママは、この「距離感」がわからなくなっている状態だと言えます。
そういうママの多くは**自分と子どもの二人セットが生活すべての基準となってしまっており、そのこと自体が苦しみのモト**なのです。自分が「ママ友の世界」で失敗すると、直結している子どもの世界に悪影響を及ぼすのではないかと心配してしまう。真面目なママ、子どもを思う気持ちの強いママほどその呪縛にとらわれやすく、その結果、ママ友と必要以上に距離を詰めたり、逆に距離を置いたりと右往左往しがちです。

でも、冷静になって考えてみてください。先ほど〝パラレルな世界〟と表現しましたが、パラレルは平行ということ。ですからママ同士の層と子ども同士の層はべったりくっついているわけではなく、間に空間があります。

この二つの層は関連はしていますが、それぞれ独立してもいるのですね。**ママ同士がトラブってても子ども同士にはまた別の関係性があり、子ども同士がトラブってもママ同士の関係性はまた別で、しかもママの知恵と気配りによって子ども同士の関係性を修復することもできます。**

安心して大丈夫。あなたにとって〝**適度**〟**なママ友との「距離感」を見つけることが、ママ友時代の最優先事項**です。

専業主婦が多い幼稚園に比べて、ワーキングマザー中心の保育園のほうがママ友トラブルが少ないのは、ママ友とかかわる時間が少ないこともさることながら、ワーキングマザーは最初から**職場でこの人間関係の「距離感」を体得し**

ている人が多いからではないかと私はにらんでいます。

言い換えれば、子どもの幼稚園入園で久しぶりに人間関係の輪の中に入ることになった専業主婦であっても、時間の経過とともに知恵と気配りを思い出したり、新たに獲得したりして、「ママ友の世界」での適度な「距離感」を身につけられるということです。

ですから、恐れることはありません。

「ママ友の世界」での経験を通して、あなた自身が一回り大きくなれるチャンスととらえましょう。この世界には楽しいこと、うれしいこともたくさんあります。気持ちを前向きモードに切り替えて、さぁ、毎日を生き生き過ごすための小さなヒントを探しにいきましょう。

「あ～めんどくさい！」と思った時に読む
ママ友の距離感

CONTENTS

ママ友ってどんな関係？
——〝友〟の距離にもいろいろある

半径5m
——仲がいいから、近いから気をつけたい

CONTENTS

半径10m

――トラブルのタネには近寄らない

CONTENTS

半径100m
――わかり合えなくても平気？

半径0m
――大切にしたい、家族の時間

カバー・章扉イラスト/中村久美
本文イラスト/河合美波
本文デザイン・DTP/黒田志麻

ママ友ってどんな関係？

――〝友〟の距離にもいろいろある

そもそも〝ママ友〟とはどんな友？

学生時代の友人や、同じ会社で働いた同僚、趣味のサークルなどでご一緒している人のことを「ママ友」とは言いません。「ママ友」とは文字どおり、ママ同士として知り合った友のこと。子どもを連れて公園に行って知り合った人、子どもが幼稚園（保育園）や小学校に入り、保護者同士として知り合った人たちのことです。

面白いのは、いえ、不思議なのはと言うべきかもしれませんが、知り合っただけでも「友」と呼ぶところでしょう。親しく友達づきあいをしていなくとも「ママ友」です。

それが証拠に、幼稚園児のママたちに「ママ友は何人いますか？」というアンケートをとると、21人以上（クラスの人数と思われる）と答えるママが毎年一定数います（サンケイリビング新聞社あんふぁん事業部調べ）。もちろん、5人とか3人とか1人と答えるママもいて、こちらは本物の友達づきあいをしているのだろうと推測できます。ちなみに、脅かすわけではありませんが、0人と答えるママもそれ

ママ友ってどんな関係？

なりにいます。

このように「ママ友」の定義も人それぞれ。「ママ友を早く見つけなくちゃ」と焦っている人と、「ママ友とは距離を置きたい」と思っている人とでは、その定義はかなり違うでしょう。

本書で私は、**「ママ友」という名称を「子どもを介して知り合った人」**という意味で使います。知り合った場所が公園でも幼稚園（保育園）でも小学校でも、子どもを介しての出会いなのですから、基本的に立場は対等です。だって、子どもが健やかに遊び、育ち、学んでいく場をともに盛り立ててサポートするという、共通の立場にあるのですから。ですから、**「ママ友」は同じ目的に向かって協力し合うという関係**にあります。このことをまずは押さえておいてください。

今時は出産する年齢に大きな幅がありますし、第一子のママか、第三子・第四子のママかでも違いますから、園や小学校という一つの集団に属するママたちの年齢差は20歳近くにもなります。同世代であっても、生まれも育ちも経歴も違うのですから、世代が違えばさらにいろいろな考え方の人がいるということですね。

繰り返しますが、そうした〝混沌〟の中で一つだけはっきりしているのは、**みんなが対等の立場で、子どもの育ちを支えていく関係**だということなのです。

年上のママが威張っているのはおかしいし、若いママが遠慮がちになる必要もありません。初めての子育てに戸惑うママが先輩ママに教えを乞う場面があるのは当然のことですが、40歳のママが30歳の先輩ママに熱心に尋ねているなどということも珍しいことではなく、年齢には関係のない話です。

誰かと比べてしまっていませんか

学生時代の仲間は「同じ学校を選んだ」、会社員時代の仲間は「同じ会社を選んだ」という類似性があります。その類似性のある中からさらに絞って、ウマが合ったり価値観の似ている人同士で友達になるのですから、居心地のよい友達づきあいができるのは当たり前。

ところがママ友づきあいは最初は類似性のない千差万別のところからスタートするわけで、多少ぎくしゃくするのは仕方のないことです。

ママ友ってどんな関係？

しかも、私たち**女性は〝比較好き〟**。

「あら、その洋服ステキね」

「その髪型、どこの美容院でカットしたの？」

などファッションに関することから、

「このバッグ、千円だった！」

「旅行会社の特別セールで、たった○万円でハワイに行ってきた」

など安さ自慢まで、なんでも話題にして盛り上がりますよね。


ママ友づきあいでは、この比較対象物が自分のことだけでなく子どもや夫のことにまで広がりやすい点が厄介です。わが子に何かの才能の片鱗が見えたら鼻が高くなるし、わが子がなんのことであれ周りより遅いと気後れする。夫が高給取りだと誇らしいし、そうでないと口をつぐむ。

こうしたことがぎくしゃくのモトにもなるのですが、それってバカバカしいと思いませんか？　子どもも夫もあなたとは別人格なのですから、**ママ友づきあいに比較はご法度**です。

「よそはよそ、うちはうち」――これを肝に銘じると、無用なトラブルから遠ざかることができます。

視点を変えて「ママ友同士には子育て中という共通項がある」と考えてはいかがでしょう？　同時期に子育てに奮闘する仲間であるのは紛れもない事実。そうした中でわかり合えるママ友に巡り合えると、逆にものすごい味方になってくれることがあります。〝混沌〟の中には〝希望〟もちゃんとあるのです。

「ママ友づきあい」3原則

親しい仲か、それほどでもないかはさておき、どんな仲であってもママ友づきあいを円滑に進めるために大切なことが三つあります。

それは、「明るく」「楽しく」「程よく」の3原則。

「明るく」は、明るく挨拶することだけで事足ります。人間、嫌なことがあったり、

ママ友ってどんな関係？

つらいことがあったりすればいつもいつも明るい顔をしているわけにはいきませんが、ママ友と道や園、学校で出会ったら、**挨拶だけは「自分のほうから明るく」が鉄則**です。おはようございます、こんにちは、と一言でよいのです。

ただし意識してほしいのは、ちょっと煙たいママや、価値観が違うと感じるママや、顔を知っているだけ程度のママも含めて、すべてのママ友に！　これはママ友づきあいにおける最低限のマナーです。わが子にはきちんと挨拶できる子になってもらいたいと願っているのに、ママが手本を示せなくてどうする!?

「楽しく」は、気の持ちように大いに関係しています。ママ友づきあいは気が重いな、と思った瞬間から、もう楽しくなくなってしまいます。ママ同士、気持ちよくおつきあいするためには多少の努力は必要ですが、**子どものために一緒に動く仲間なのだから楽しくて当たり前、というくらいの気持ち**でいてください。特定のママを毛嫌いしたり無視したりしていては、その相手はもちろんのこと、周りのママも、そして実はあなた自身も楽しい気分にはなれません。

わが子がいじわるされているのでは？　と少しでも感じたら大騒ぎをするくせに、

自分がママ友いじめをしてどうする!?

そして、最も大切なのが三番目の**「程よく」**です。

誤解を恐れずに言えば、**ママ友はいわば期間限定のおつきあい**です。園や小学校で子どものクラス替えがあれば、たった1年でおつきあいが自然消滅することだってあります。自然消滅を期待したくなるようなママ友もいるでしょうし、一方でウマが合い、クラスが違ってもおつきあいが続くママ友もいるでしょう。新たなママ友との出会いを期待することもできるのです。

節度をもった程よいおつきあいを続ける中で、**結果的に本物の、一生ものの友達が見つかったら何よりですが、それは時間がたってからわかること**ですね。

私のことを言えば、子どもの園時代のママ友、小学校時代のママ友でその後20年以上のおつきあいが続いている仲の良い友達が何人かいます。そんな人も見つかるのですから、ママ友関係は案外奥が深いのです。

接し方、言い方の工夫を知っておこう

前述の3原則を心に留めていても、思わぬアクシデントに見舞われたり、トラブルに巻き込まれたりということはきっとあります。そんなときに慌てずに済むように、ママ友づきあいでありがちなケースをこれからご紹介していきましょう。

ママ友との距離別に、関係をこじらせない対応や言い方の例、心得を挙げていきますので、あなた流にアレンジして活用していただけたらと思います。

半径5m

——仲がいいから、
近いから気をつけたい

同時期に子育てをする仲間だからこそ、
仲良くなって支え合いたい。
そう思って一歩を踏み出し、
ママ友との距離を縮めたあなたはとても素敵です。
でも、「ママ友の世界」にはいろんな人がいる。
距離が近いからこそ気になることも増えるのですが、
自分なりのルールを決めながら、
いい関係を築いていきましょう。

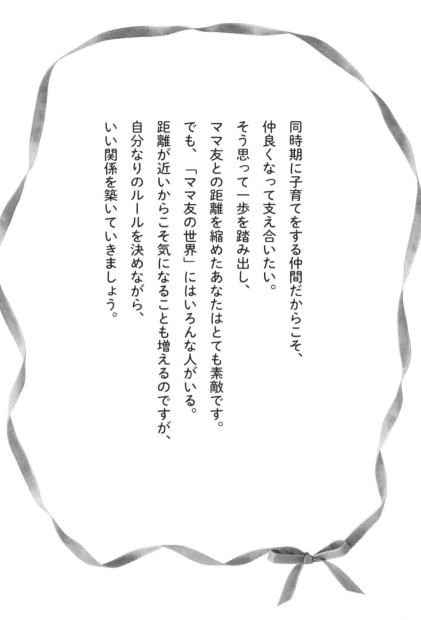

早くママ友つくらなきゃ！と焦りすぎてない？

ここ20年ほどの傾向ですが、ママたちの多くは、入園・入学を機にわが子が一刻も早くお友達をつくることを望んでいます。それが、集団生活の中で平穏に過ごす早道だと考えているようです。

同じ理屈で、自分も早くママ友を見つけて集団の中での居場所を確保したいと考える人がいて、つい前のめりになりがちです。まだ2～3回しか会っていないのに、相手のことを早く知りたくて、

「以前はどんなお仕事されてたんですか」

「ご主人はどちらにお勤めなんですか」

「ご出身校はどちら？」

「お姑さんと同居なんですか」

などなど、ついつい矢継ぎ早にいろいろ聞いてしまう……。

共通の話題がまだ少ないから間がもてずに質問するという側面もあるかもしれませんが、急ぎすぎは禁物です。

入園・入学・クラス替えを機に、いろんなママと仲良くなりたいなと思う気持ちは素敵なこと。でも、まずは様子見からです。必死にママ友をつくっても、気が合わないとわかったらあとがつらくなります。なんとなく感じのいい人だな、私と同じで知り合いが少ないみたい、うちの子と同じ男の子のママだ……など、アンテナにピピっときた人がいたら、「おはようございます」「○○組でご一緒ですよね、□□と申します」と明るく挨拶してみましょう。

最初のうちは話題にするのは子どものことが無難です。

わが子の名前を言って、相手の子どもの名前を聞いたり、きょうだい関係を尋ねたり。あるいは「私の家は○丁目なんですが、どちらのほうですか?」など、同じクラスならいずれわかることを話題にして自己紹介しましょう。そして、**双方が言いたくなったら、プライバシーにかかわることを話題にするのは、気心が知れてから**です。

時を経て、ある程度気心が知れてきたと思っても、自己開示のレベルは人によって違います。あなたがオープンな人で自分のことをどんどん開示するのは自由ですが、相手に同じレベルを求めてはいけないのです。「私も言ったのだから、そちらも言うべきでしょ」という態度は嫌われます。また、立ち入った質問にムッとして、「そちらは？」と言い返してしまうと、相手が答えたらこちらも答えなくてはならない雰囲気になってしまうので気をつけましょう。

相手の質問に答えたくないならば「言うほどのことじゃなくて」「そういうことはあまり言いたくないの」とさらりと流してしまいましょう。

個人情報は親しくなっていく中で自然に開示されるもの。みんながそんなふうに考えられたらいいですね。親しさの度合いに関係なく詮索好きのママはいますが、そういう人に話したらみんなに公言したのと同じ、くらいに心得ておきましょう。

LINEの呪縛

ママ友同士で仲良くなると、もれなく付いてくるのがＬＩＮＥのお誘い。最近の調査では、幼稚園・保育園のママたちのスマートフォン所有率は90パーセントにも上っています。地球の裏側に住んでいる人とだってメッセージのやりとりはタダですもの、LINEは主婦にとって力強い味方ですね。でも、相手は地球の裏側にいるわけではない。さっきまで一緒だったママから、家に帰り着く前にもうメッセージが入っているという事態に、「こんなはずではなかった」と安易なアドレス交換を悔やんでいる人も少なくないはずです。

LINEが好きな人は、相手も好きなはずだと思っていて負担感に気づかないところが厄介な点。だからこそ、既読スルーがバッシングされがちです。アドレス交換をして、3日もたたないうちに「こんなにメッセージが多くてはとても返信しきれない」と感じたのであれば、すぐにでもギブアップ宣言をすることをおすすめします。

ギブアップ宣言はLINE上でするのではなく、直接会ったときに伝えるのが原則です。LINE上の文字だけではこちらの表情が見えないため印象がきつくなってしまいます。会って、

「実は私、LINEに慣れていなくて返事が遅くてごめんなさいね」

と言ってもいいし、

「下の子がいるから、なかなか手が空かなくて」

「同居の義母の目があって、しょっちゅうはスマホをチェックできないの」

「手が離せないときはこういうスタンプを送るから、少し待っててね」

などと説明してもいい。嘘も方便です。

「スタンプばかりで申し訳ないけれど、許してね」

「普段はＬＩＮＥの着信音をオフにしているの、手の空いたときに読むから気長に待っててね」

と先にお詫びを言ってしまうのも手です。


迷惑だと思いながらも頑張って返信し続けてしまうと、相手にわかってもらえないままずっとその状態が続いていきます。１か月もたってから「実はＬＩＮＥが負担で……」と切り出すより、早く言ってしまうほうがお互いにわだかまりが残りません。

もっとややこしいのがグループＬＩＮＥ。「入らない？」と誘ってもらえたことがうれしくてつい「もちろん」と答えたあとに、四六時中流れてくるメッセージに閉口している人が少なくありません。グループの人数が多ければ多いほど、メッセージも大量です

ここでも返信を負担に感じるならば、

「要領が悪いのか家事に時間がとられてゆとりがなくて……。なかなかお返事できないけど、お仲間に入れてもらっているのがうれしい。既読スルーに他意はないからね～」

と明るく書き込みましょう。「この人は返信が遅い人」と認識してもらえれば、しめたもの。ただし、ご都合伺いなど返信を求められている話題については、「遅れてごめんなさい」の一言を添えて、なるべく早めに返信しましょう。

あまりにも負担感が強く、意を決してグループLINEから抜けることにした場合。ストレートに「すみません、抜けます」と言ったり（書いたり）、さっさと登録を解除してしまうと、やはり角が立ちます。解除したことは、グループ全員に告知されます。抜けたあとも園や学校でのおつきあいは続くわけですから、まずは

「なかなかお返事できなくて、皆さんにあまりに失礼だと思うので……」

と切り出してみましょう。

「あら、気にしなくていいのよ、時間のある人がやりとりしているんだから」

と言ってもらえるかもしれません。そうしたら、

「ありがとう。そう言っていただいて気が楽になった。ゆとりのあるときだけ書き込ませてもらいますね」

と答えればいいだけのことです。気をつけたいのは、**LINEを楽しんでいるママ友たちを否定するような言い方はしない**ということだけ。

わが子が無口で園や学校の情報が入ってこない場合や、子育ての悩みを聞いてもらいたいとき、保護者会役員同士の連絡など、LINEは便利なツールであることもまた事実。グループ内のメッセージのやりとりを読むうちに、そのママの性格や何にこだわりがあるかなどが自然にわかってくるという得難いメリットもありますね。「あの人LINE、NGよ」と思われてしまうと、欲しい情報も手に入れにくくなることがありますから、程よい使い方を探っていきましょう。

一方で、

「このプリント、どういう意味？」

「役員決め、何に手を挙げる？」

などと聞きたいことがあるときだけＬＩＮＥを使い、用が済んだらプッツリ音信なしというのも、相手からすれば「情報源としてしか見られていないのかしら」と不愉快になりますね。


ＬＩＮＥに抵抗のない人も、ライフスタイルは家庭ごとに異なることに思いを馳せたいものです。子どもの数が多い、手のかかる子どもがいる、ワンオペ育児に奮闘している、仕事（家業やボランティア活動も含む）をしている、親の介護をしているなどなど、相手にはさまざまな事情があります。

何か教えてもらいたいことがあるときは、

「手の空いたときでいいのでよろしくお願いします」

「お忙しい中、教えてくださってありがとう」

「助かりました。感謝します」

と一言書き添えるだけで、受ける印象はずいぶん違います。

そして何よりも、LINEを始めるときは慎重に。何はともあれ**LINEでつながることからスタートするのではなく、まずは会ったときに会話を交わしたり、普通のメールでのやりとりから**始めてもよいのでは？

しばらくして「この人とは気が合うな」と実感してから「LINEに抵抗ない？」と尋ねてみましょう。「メールでいいわ」という返事であったら、無理強いはしない。いつか「やっぱりLINEのほうが便利だよね」と相手から言われるまで待つのがマナーです。

金銭感覚、経済事情の話題は要注意

「半径5m」に迎え入れた（入れたい）ママ友たちとは、会って話す機会も増えていきます。保護者会の帰りに「ちょっと外でお茶していく？」となったり、「週に1回くらいランチしましょうよ」と声がかかったりすることもあるでしょう。

そんなとき、みんながみんな喜んで参加したいと思うとは限りません。

「公園のベンチでのおしゃべりならお金もかからないし、いつでもつきあうわ。でもお店に行くのはちょっと」

と思う人もいれば、

「ファミレスなら○Kだけど、値の張るお店では困る」

と思う人もいるし、

「パパが働いている時間に自分だけ外でランチするなんて問題外」

と考える人もいます。

「週に1回は多すぎるけど、月に1回くらいならいいかな」

などと、頻度の許容範囲も人によって違います。

これには家庭ごとの経済事情や金銭感覚の違いが大きく関係していますが、前項のLINEのところでも述べたように、家族に看護や介護を必要とする人がいたり、パートやボランティア活動、習い事をしていたりといったライフスタイルの違いもあって、お茶やランチのお誘いを負担に思う人がいます。久しぶりのフリータイムであれこれやりたいことを数え上げていた人ならば、誘われて、内心ため息をついているかもしれません。

　誘う側のママはリーダーシップをとるタイプであることが多いので、ご本人は「行きたくなければ（都合が悪ければ）断わればいいじゃない」と思っていますから気楽に誘うのです。「私なら断るもの」と思うから。ところが、誘われた側はなかなかそうは割り切れないことも多く、「断ったら二度と誘われないのではないか」「つきあいの悪い人だと思われるのではないか」と心配になります。

　経済的に事情が許さないなら、無理を重ねると経済的にも気持ち的にもどんどんつらくなってしまいます。でも、経済事情が理由なら、実はいちばんわかりやすくて話は簡単です。ここは正直にはっきり言いたいもの。

「今月はちょっと家計が厳しいから、今日は遠慮させていただくね。でもたまにはご一緒したいから、懲りずにまた誘ってくれるとうれしいな」――こんなふうに明るく言えば、みんな納得してくれます。**上手に家計をやりくりすることは恥でもなんでもありません。**

最初に見栄を張ってしまうと、卒園・卒業するまで長くつらい思いをします。あなたが正直に発言したことで、あとから「実はわが家もゆとりがあるわけではなくて」と声をかけてくるママがいれば、同じような金銭感覚をもつママ友を見つけるきっかけにもなります。


都合の悪い日に限って誘われて断らざるを得ないことが続いたら、

「今日は病院に行かなくちゃならないの。この前誘ってもらったときは母が来る日で、その前は習い事の日だったのよね、ホントに私って間が悪い」

と明るく詫びておけば大丈夫。断ることが続いたせいか、最近全然誘われないなと思ったら、

「今月は予定も少なくてわりあい自由が利くんだけど、たまにはお茶いかが?」

と自分から声をかけてみましょう。


最後におまけ情報。外お茶、外ランチのお店決めには、値段のほかにもう一つ気を配るとよい項目があります。それは、中には「有機・無添加・無農薬」などにこ

だわっているママがいるかもしれないという点です。

初めてお店決めを任されたときには、「注文できるものがないわ」なんて嫌味を言われないようなるべく事前にママ友情報を集め、できれば誰かもう一人に声をかけて「二人で相談して決めた」という状況をつくっておくといいかもしれませんね。こだわりママがグループにいる場合は、直接「おすすめのお店を教えて」と聞いてしまってもいいのです。

〝持ちつ持たれつ〟の基本を忘れない

ちょっと困ったときに助け合えるママ友の存在は、子育て期には本当にありがたいものです。特に、子どもを一緒に連れていけない用事ができたとき、あの人になら預かってとお願いできるというママ友がいると、普段から安心していられます。

私の場合は、自分が歯医者に行くときに子どもを預かってくれるママ友がいて、とても助けられていました。

長く子育て誌の編集にかかわってきましたので、さまざまな「ママ友がいてよかった！」の声を聞いてきました。

「第二子のつわりがひどかった頃、近所のママ友が上の子の幼稚園の送り迎えをしばらく引き受けてくれた」

「下二人がインフルエンザにかかって身動き取れなかったとき、小1の上の子の習い事の送迎をママ友が申し出てくれた」

「双子が生まれたばかりでてんやわんやだった頃、たくさんつくったからと時々夕飯のおかずを差し入れしてくれるママ友がいて、一家でありがたくいただいた」

「大雨のときは必ず『車、出すよ。一緒に登園しよう』と誘ってくれるママ友がいて、助かっている」

などなど。

でも、**「いてよかった！」**が**「悩みのタネ！」に変わる**ことがあるのもまた、ママ友です。お悩みでいちばん多いのは、**「いつも私ばかりが当てにされる」**。

先ほどの逆で、

「ママ友の子どもを一度預かったら、その後何度も頼まれる」

ママ友の距離感 半径5m

「ちょっと遠くのショッピングモールに行くとき、運転免許のないママ友を誘ってあげたら、次はいつ行くの？　としょっちゅう聞かれる」

など、子どもの預かりと車の同乗についてが上位を占めます。心得ておきたいのは、「よそさまの子どもを預かったり、車に乗せたりだなんて、何かあったときに責任が取れないから絶対イヤ」と考える人もいるということ。ですから、無理やりお願いするのはご法度です。

言うまでもないことですが、子育てに奮闘中なのはみんな同じ。**ママ友の関係では、助け、助けられるの〝持ちつ持たれつ〟であるべき**です。片方にだけ大きな負担がかかるような関係は早晩崩れていきます。

わが子を預かってもらうとき、先方宅で遊ばせてもらうときは、当日、預け先のお宅でみんなが食べられる量のおやつを持たせるのは常識（ただし、日頃から預け合っているお互いさまの関係なら、この限りではありません。そこは臨機応変に）。急用ができて預かってもらうことになり、おやつの用意がない場合は、「急なことでごめんなさい。お礼はまたあとで」と一言添えるとスマートです。前もっての約束ではなく急にお願いしたときは、いつものおやつよりちょっと高級なスイーツなどを後日届けましょう。

何度か預かってもらっているなら、「私の出番のときは、いつでも相談してね」と伝えることはもちろんですが、先方から頼まれることがなかなかないという場合には、「明日はお宅の○○ちゃんをうちで預かるから、ママは自分の時間を楽しんで」とこちらから提案してみては？〝一人の時間〟はママにとって最高のプレゼントになります。

同じママ友によく車に同乗させてもらっている、今後も多くありそうというケースでは、毎回である必要はありませんが、たまにはランチをご馳走するなどの形でお礼の気持ちを表すといいですね。くれぐれも「私が乗らなくても、かかるガソリン代は同じ」などと考えないように。駐車場代などその場で出費がある場合は、交代で支払うという手もあります。

大事なのは、**「ありがとう」「助かっています」の気持ちを見える形で伝えること**です。お礼を固辞するママ友もいると思いますが、そんなときは相手の子どもにお絵かき帳や文房具など、ちょっとしたプレゼントをしてもいいと思います。

もちろん、「私はやってあげたいからやっているだけ。お礼は受け取れない」と考えられる人は素晴らしいですし、そういう態度がママ友を本物の友達に昇格させるきっかけとなることがあるのも事実です。でも、あなたの親切心がかえって相手を必要以上に恐縮させていることだってあります。お礼の気持ちを示されたら、素直に受け取ってもよいのではないでしょうか。

「以前お世話になった方が亡くなり、今夜がお通夜と急な連絡が。電話を受けたとき、たまたま一緒にいたママ友が夕飯込みで子どもの預かりを引き受けてくれた」

「車を運転できない私に、子どもを病院に連れて行くときとか困ったらいつでも連絡してと言ってくれるママ友がいる。まだお願いしたことはないけど、心底、心強い」

などの声も聞きます。

急に何かあったとき、今後起こりそうなケースに頼りにできるママ友がいるのは幸せなことですね。

column

1

わが子を預かってもらうときのマナー

子どもを預けて自分は外出する場合、預かってくれるママ友に、お世話になる理由（外出の目的と行き先）をできるだけ具体的に伝えるのが第一のマナー。わが子にも連れていけない理由をわかるように話しておきます。

そのほか、先方に伝えておくべきことは以下のとおり。メモにして渡しておくともっとていねいです。

伝えること

①わが子を連れて行く時刻

②わが子を引き取りに行く予定時刻

③引き取り時刻が昼食や夕食にかかりそうなときは、食事もお世話になりたいか不要なのかを明確に。あいまいにしておくと預け先に迷惑がかかります

④自分のスマホの電話番号とメールアドレス
⑤そのうえで、電話に出られる状況かメールのほうが助かるか、などの事情
⑥長時間預けるなら、緊急の場合のパパの連絡先とフルネーム

持参するもの

①みんなで食べられるおやつ
②わが子のお気に入りのおもちゃ、絵本など
③長時間預けるなら、わが子の着替え一式
④まだオムツが外れていないならオムツ（預け先にないことがある）
⑤万一、食物アレルギーがある場合は、おやつも食事も持参し、アレルゲンを詳しく伝えます

約束の引き取り時刻に遅れそうだとわかったら、その時点ですぐに連絡を入れましょう。また、遅れるお詫びに出先でお土産を買おうなどと考えず、一刻も早く帰ることを優先させます。お礼とお詫びは後日でよいのです。

うちの子
もう こんな 時間!!
ごめんなさい!! お迎えが ちょっと 遅れます ><;
LINE しよう
遅くなって ごめんなさい!! …あれ、うちの子は?
さっき、パパが来たよ。また いつでもどうぞ〜
あっ パパに LINEしてた!!

夏のビニールプールが時限爆弾に!?

夏休みなど長期休暇のときは、子ども同士お互いの家で遊ぶこともよくあるでしょうね。

夏に子どもを預かったときの話で、ママたちからいちばんブーイングが出るのはどんなことだと思いますか？　それはビニールプール。

「うちにビニールプールがあると知って、しょっちゅう子どもを預けにくる。そりゃ、相手のママ友とは仲良くしているけど、水道代だってバカにならない。なんでうちばっかり」

「ビニールプールにおいでよと誘ったのは私だけど、水着だけ着せて、タオルも持たせないってどうよ。おかげでこっちは洗濯が大変！」

「うちでビニールプールに入ったあと、風邪をひいたと嫌味を言われた。なら、さっさと迎えにきたらいいじゃない」

と、それなりに仲良くしているママ友同士でもいろいろあるようです。先ほども書きましたが持ちつ持たれつ、「親しき仲にも礼儀あり」を忘れないようにしたいもの。子どもを預けるときは、預け先でわが子の取るであろう行動を予測し、相手のママ友に負担がかからないよう必要なものは持たせたり、水道代代わりにとフルーツやアイスクリームを届けたり……。わが子が風邪をひきやすいのなら長袖を1枚持たせて、子どもにも「プールから上がったら、必ずこれを着てね」と話しておきます。

子どもが小さいうちは、**子どもが置かれる状況を〝想像〟して対応するのがママの役目**。想像することで、小さなトラブルはたいてい回避できます。言い換えれば、**想像することをさぼっているママは嫌われる**ということですね。

そして、「いつもプールのお世話になってありがとう」の一言も、けちけちせずに毎回言って損はありません。

ありがた迷惑かも……のとき

相手は良かれと思ってやってくれることでも、実はちょっぴり（かなり？）ありがた迷惑ということもあるかもしれません。よく聞く話は、ママ友から上の子のお下がりを「ぜひ使って」と譲られ、好みが全然合わなくて困るというもの。家の中で使うおもちゃならまだしも、譲られたのが衣類だと、普段着ていないことがわかってしまうのでバツが悪いですね。

今時はジェンダーフリーにこだわりがあり、「女の子だからってピンク色の洋服を押し付けられるのは不愉快」というママもいますので、譲るほうは注意が必要です。

譲られるほうは、着ないけど黙ってもらってしまい込むのではなく、その衣類を活用してくれる別のママ友に渡るほうが有意義だと割り切って、わが家にはお下がりは不要ということを上手に伝えたいものです。

角が立たない断り方は、

「お気持ちだけいただくね、初孫だからおばあちゃんが買いまくってバンバン送ってくるの」
「お下がりをくれる親戚がいっぱいいて、十分足りているの」
など。譲るほうも、相手が喜んで引き取ってくれ（たように見え）ても、「気に入らなかったら処分したり、ほかの人に回したり自由にしてね」と言い添えるとグッドです。

一度譲ったら所有権は先方に移ったのですから、そのあとどこへ回っていこうが文句を言う筋合いではありません。仮に、気の合わないママ友のお宅に回ったとしても。

ただ、お下がりはありがたいと素直に感謝してくれるママ友も少なくないので、譲ることを必要以上に遠慮することはありません。

私の知っているママたちも、
「年子で衣類はいくらあってもいい」、「上の子と歳が離れていて、家庭内お下がりは皆無だから助かった」

と喜んでいましたよ。
「うちの子と同じ名前の上の子がいるというママ友から『記名してあるんだけど、もしよかったら』と声をかけられ、それがきっかけで仲良くなった」という話も聞きました。

相談されやすいけど、これっていいこと?

なぜかママ友からいろんな相談をされる人って、います。あなたがそうなら、**口が堅い、聞き上手、解決の糸口を提示してあげられることが多い**、のいずれかなのでしょう。もしかしたら、全部かもしれません。

誰しも嫌いなママ友には相談などしませんから、一目置かれている証。その信頼を裏切らないようにしたいものです。

一番目の**「口が堅い」**を守るには、相談された内容を人に言わなければいいだけのことです。相談の内容を言いふらさないことはもちろんですが、相談したこと自体も知られたくない人がいますから、気をつけましょう。

「この件はAママが詳しいから」と勝手にAママに相談してしまうと、言いふらされたと受け止められることがあります。

こういうときは先走らず、

「Aママのほうが詳しいと思うから聞いてみたら？」

とか
「Aママが詳しいはずだから、一緒に聞いてみる？」

という言い方がおすすめです。

二番目の**「聞き上手」**。あなたはきっと、「それは大変だったね」「心配な気持ち、よくわかるよ」などと相手が話しやすくなるような上手な合いの手を入れられる人なのでしょう。気をつけたいのは、上手に聞きすぎて、相手がどんどんプライベートなことまで話し出すこと。プライベートなことに立ち入るのは、相当親しくなってからと思っておくのが無難です。
ママ友づきあいの範囲内でと考えるなら、必要以上にプライバシーに踏み込まないのがベター。たとえば、ご主人がらみのことで相談されたら、「さすがにご夫婦のことは他人にはわからないから、なんとも言えないわ」と答えてよいのです。

三番目の**「解決の糸口を提示してあげられることが多い」**あなたは、子育ての先輩ママだったり、年長で人生経験が豊富だったり、常識的な考えをもっている人だと認められているからでしょうね。

押しつけがましくないアドバイスの仕方は、

「うちの上の子の場合はこんなふうにやってみたらうまくいったよ。子どものタイプはいろいろだから、お宅でもいろいろ試してみるといいよ」

とか、

「私も同じような経験があって、そのときはこんなふうにやってみたの。相手が変わればまた違うと思うから、一つのやり方だと思って聞いてね」

などなど。あなたが「こうすると、うまくいくと思う」と言い切らないことが肝心で、「こういうやり方もあるかもしれないよ」と選択肢の一つを提示するというスタイルだと好感度がアップすること間違いなし。

とても信頼されて、同じママ友からさまざまなことを相談されるという場合。あなたにそんなつもりはなくとも、いつしかボスママと手下ママのような関係になったり、周りにそう見られたりすることがあります。あるいは、相手のママ友自身が「いつもいつも相談して申し訳ない」と恐縮しているかもしれません。もし相手がお料理上手、お料理好きならレシピや手を抜くコツを教えてもらうなどして、相手にも語れる話題を振ってみましょう。

上下関係をつくらないのが、よいママ友づきあいのベースです。

趣味や仕事。〝共通点〟があるからこそご用心

趣味や仕事、同じジャンルで話ができるとわかると、共通の話題が見つかってよかったと思ってほっとしますよね。ところが、それが理由で大きな負担を抱え込んでしまうこともあるのです。実例を四つ、ご紹介しましょう。

その1。プリザーブドフラワーの教室に通っていると話してくれたママ友。つい、

自分も以前、習ったことがあると話したら、「まぁ！　じゃあ先輩ですね。私はまだ習いたてで。よかったら、意見を聞かせてください」と言われ、そのときはとんでもないと笑って終わったのですが……。
その後数か月ごとに試作品と言っては、プレゼントされるようになってしまい、買えば数千円するものだからもらいっぱなしというわけにもいかず……。そのたびにお菓子でお返しをする羽目に。とんだ出費に参っています。

その2。お互い、学生時代にテニスをやっていたとわかり、運動不足解消にたまには体を動かしましょうかという話に。周りのママ友に声をかけたら、ほかに二人やったことがある人が見つかったので近所の公営コートを予約しました。ところが、3人は似たようなレベルだったのですが、一人はバリバリの体育会系でサーブなんかまるで弾丸。手加減する気はないらしくて全然楽しくない。また行こうと言われて、どう断ろうかと3人で悩んでいます。

その3。ひょんなことから以前の仕事の話になり、二人とも結婚前、出産前まで出版社に勤めていたことがわかりました。話が盛り上がって「昔取った杵柄《きねづか》、クラス新聞をつくろうか」と意気投合、実際に発行してみたらママ友たちにも、担任の先生にも大好評でした。

それはよかったのですが、なんとなくイベントごとにつくらなくてはならない雰囲気に。相手のママ友は大乗り気で、「来年度は母の会に新聞部をつくって一緒にやろうよ」などと言うけれど、自分にはそこまでの時間とエネルギーはない……。

その4。「結婚前はどんな仕事をしていたの？」と聞かれ、深く考えずに商社だと答えてしまいました。そうしたら、「えっ、どちらの？　私も○○に勤めていたの」と目をキラキラさせて言うその商社は日本を代表するような大会社。こちらは水産系の小さな専門商社で、言いたくなかったけれど白状させられました。以来、上から目線で話しかけられているような気がして、イヤ～な感じ！

とまぁ、ことほどさように共通点があるのは痛しかゆしです。**自己開示するときは慎重に。**

お誕生日会の好感ルール

お誕生日会は、子どもが小さい頃には大きなお楽しみの一つでしょう。当の主役も招かれたお友達も「あー、楽しかった」「呼ばれてうれしかった」と感じられる会になるといいですね。それなのに、お誕生日会が理由でママ友関係に亀裂が入るようでは本末転倒です。

お誕生日会の開き方には決まったルールはありませんが、こうするとトラブルになることは少ないだろうと私が考えるルールをご紹介しましょう。

まず招くホスト側。お誕生日を迎えるわが子が「お誕生日会をしたい」と言い出したら考えればいいこと。そして、子ども本人が呼びたい子がゲストとなります。子どもは「仲がいいから呼びたい」という理由がほとんどでしょうが、ある程度の年齢になると、「この前けんかしちゃったから呼んで仲直りしたい」と考えることもあります。**くれぐれも「ママが呼びたい子」にならないように。**

次に、子どもだけ招くのかママも一緒に招くのかを決めますが、幼稚園に入園して1～2年たっていれば、子どもだけ招いても問題ないでしょう。それ以前だと、年齢的にママ抜きでは難しいですね。ママが、これを機会にこれまであまり交流のなかったママ友と話してみたいと思うのなら、親子セットも悪くありません。

子どもだけの場合も親子セットの場合も、ホスト側の自宅のスペースの都合で人数を決めます。わが子にも「おうちには○人しか入れないよ」と伝え、一緒に人選しましょう。逆に言えば、この**「○人しか呼べない」が理解できない年齢の子どもなら、翌年まで延期してもいい**ということです。

当日は何時から何時までかを明確にします。子どもだけを招く場合は、「何時にお迎えにきてください（小学生なら、何時にお開きにします）」と相手のママ友に伝えておきます。

大事なのは、会費とお誕生日プレゼントに関する決め事です。

ホスト側は「こちらが勝手にお招きするのだから」と、「ご招待です。プレゼントも不要です」と言ってしまいがちですが、これはゲスト側のママ友にすればストレスのもと。そうは言われても、うちの子が飲み物、食べ物のお世話になるのだから手ぶらでは申し訳ないと考え、品選びに頭を悩ませつつ何か購入し、ほかのママ友に見られないように玄関でこっそり渡すなどして大いに気疲れするという話をあちこちで聞きます。

私は、お誕生日会を開いた子だけが五つも六つもプレゼントをもらい、お誕生日会を開かない子は恩恵にあずかれないという状況をつくりだすのはいかがなものかと思っています。どの家庭もお誕生日会を開くわけではないのですから。

ここはホスト側が、

「プレゼントはなしにしてね。うちの子には親からのプレゼントだけで十分ですから。それと厚かましいのだけど、ケーキ代として○○円の会費制にしたいと思っているけどかまいませんか？」

と言ってほしいものです。会費は300〜500円くらいでしょうか。会費制のほうがゲスト側も気が楽で、支持されること請け合いです。特に小学生になると働いているママ友も多く、プレゼントを買いにいく時間をつくること自体に負担を感じる人もいます。

ゲスト側は、ホスト側から示された決め事を守るのが鉄則。当日、一人だけプレゼントを持参するといった抜け駆けは厳禁です。もしとりわけ仲良くしているお友達なら（仲良くしているママではない！）、別の日に届けるなど配慮してください。

また、万一ホスト側から「手ぶらで」と案内されたり、なんの指示もなかったりしたら、個別にプレゼントを考えるのではなく、

「ゲスト側一同からホールケーキを差し入れするね」

と提案してはどうでしょうか。ホスト側にも心づもりがあるでしょうから、ケーキの差し入れの提案は招待されてからあまり日を置かずに伝えるのがよいと思います。

「ケーキは手作りするから大丈夫なの。お気遣いなく」

などと言われてしまったら、ゲスト側のママ友一同で適当なプレゼントを一つ買い、

「お誕生日会のあとでご家族だけのときに開けてね」と言い添えるといいでしょう。

蛇足ながら、ホスト側のママは「うちがお誕生日会を開いたのだから、今度は招

かれる番」と考えないこと。ゲスト側のママは「招かれたのだから、今度は招かなくては」と考えないこと。また、お誕生日会に参加していなかった親子のいる前で「この前はどうも」的な話題を出さないことも「ママ友の世界」のマナーです。

ママ友の噂話、悪口を聞いてしまったら

いろんなタイプの人がいる「ママ友の世界」。中には噂話が大好きなママ友もいます。もしかしてあなたも？（笑）

覚えておいてほしいのは、噂は噂をつくるということです。

たとえば、ママ友何人かで立ち話をしていたとき、Aママの噂が出たとしましょう。

「Aママのせいでこんなトラブルが起きたらしいわよ」

とBママが言い、

「あ、それ私も聞いたことがあるわ」

とCママが相槌を打ってしまうと、次には

「BママとCママが言ってたんだけど、Aママがね……」

という噂に変化するのです。

極端なことを言うと、誰かがDママの悪口を言い、「へぇ、そうなんだ」と相槌を打ったり、うなずいたり、単に黙って聞いていただけでも、その場にいたママ全員がDママの悪口を〝承認〟したことになってしまいます。

その噂や悪口が真実ではないと知っているならば、「そんなことはないと思うよ」と否定してほしいところですが、盛り上がっているその場でとても口に出せないと思うなら、少なくとも**〝承認〟仲間にされてしまわないうちに脱出する**のが賢いママです。「今日はこれからちょっと用事があるのでお先に失礼するわね」と、そこからフェードアウトすればいい。

ウマの合わないママ友は誰でもいるでしょうが、そのことと悪口を言うこととは次元が違います。**本人に面と向かって言えない（聞けない）ような話にはノラない**に限ります。これは立ち話でもLINEでも同じです。

これからも親しくおつきあいしていきたいママ友仲間なら、「本人がいないところで言うのはよそうよ」と言ってみるのもいいですね。「あ、そうだね」とマナーに気づいてくれるママ友は本物の友達になれる人かもしれません。それでも毎度毎度、本人がいないところで噂話や悪口を言い続けるママ友とは、少し距離を置いてもよいかも。だって、あなたのいないところであなたのことをどう言っているかわかったものではありません。

噂や悪口を言われている当事者に、親切心からでも「こんなふうに言われていたよ」と伝えるのも得策ではありません。当事者に伝わることで大きなトラブルに発展しないとも限りません。**噂話や悪口をたまたま耳にしてしまったら、あなたのところでストップさせる**ことがママ友づきあいの基本だと心得ましょう。

気持ちのいいお出かけ、旅行のお金のはなし

ママ友同士が仲良くなると、子連れで一緒にお出かけしよう、一緒に泊まりがけの旅行に行こうという話も持ち上がってきます。そんな話が出るのは、ある程度気

心が知れてからだと思いますが、遠出やお泊まりのお出かけではそれまでのお茶する関係では気づかなかった、ママ友の意外な面が見えてくることがあります。

ごく普通のママ友だと思っていたけれど、意外にも大胆なところがあったとか、普段は豪胆《ごうたん》なイメージがあるけれど、意外に怖がりでかわいい面があったなど、それを面白がれる場合はよいのですが、「えー、こういうママだったの」とがっかりすることもないとは言えません。そんな場合、長時間一緒のお出かけは今後はちょっとパスだなと思うかもしれませんね。

そういうことも無きにしも非《あら》ずですから、最初の2～3回は費用を割り勘にするのがいいでしょう。飲食代は自分たち親子が飲み食いした分をそれぞれ支払う、もし片方が自家用車を出したのなら、ガソリン代と駐車場代を合算して折半する、など。特に、相手はママと子ども一人、こちらは自分と子ども二人というように人数が異なるときは、より配慮が必要です。

10円単位まで割り勘にとこだわり、「この人、なんだか神経質ね」と思われても損ですからそこまですべきとは言いませんが、双方ともに「割り勘でお出かけした」と認識できる程度にはしておくべきでしょう。車に乗せてもらった側は、端数を負担して「気持ちばかりだけどお礼代わりに」と言って支払うと嫌味がなくてスマートです。

次はないと決断したとしても、こうしておけば後腐れがありません。もちろん、また一緒にお出かけしたい相手であったなら、最初からこうしたルールなら双方とも気持ちがよくて、おつきあいが長続きすると思います。

一緒のお出かけを繰り返すほど親しくなったら、最初に5千円とか1万円とか決めた額を共通の財布に入れ、支払いが同額の場合はこの共通財布から支払い、そうでない場合はそれぞれ個別に支払うという方法を取ることもできます。おつきあいの度合いによって、工夫してみてください。

"スルー力"も時には必要

仲良しになりつつあるママ友グループの間で、「みんなで一緒に○○に行けるといいね～」と、時々話題に上るようになりました。でもなかなか具体化はしません。

Ａママは自他ともに認める行動派。何度か話題に上ったあと、どうも自分に振られているような気がしてきて「じゃ、私が段取りつけるね」とまとめ役を買って出ました。ところが、いざ具体的に決めると、今度は「ちょっと子どもが行きたくないと言い出して」とか「その日は都合が悪くて」とまとまらず、結局お流れに。Ａママは振り回されただけに終わり、モヤモヤ感がぬぐい切れない……。

これは実際にあった話です。この場合のキーポイントは「仲良しになりつつある」というところでした。Ａママが「なりつつ」だと感じていたのですから、周りのママ友たちも同じように感じていたはずです。こういう時期はみんな様子見。だから、自分がまとめ役になるとは言い出さないのです。

本当に子どもが行きたくないと言ったのかもしれないし、急に都合が悪くなったのかもしれません。ですが、ひょっとしたらＡママの仕切りが予想以上にテキパキしすぎて、「この人、ワンマンタイプなのかしら」と思われたのかもしれないのです。Ａママは、自分のことをもっと知ってもらって「あなたに任せれば間違いない」と頼まれるくらいの時期まで、出番を待ってもよかったかもしれませんね。Ａママがこのお出かけに特に関心があったわけではなく、性格的につい手を挙げてしまったのだとしたら時期尚早でした。

こうした様子見の時期では、話題に上がっては流れていく事柄がよくありますが、それでいいのです。「自分が当てにされている」と気負いすぎず、いい意味でスルーする力を身に付けたいものです。「そうだね〜、実現するといいね〜」と言っておけば問題なし。もっと仲良くなってきたら、自然に話がまとまっていきます。

でも、もう少し積極的に動いて仲良し度を進めたい、○○には自分も本当に行ってみたいという場合には、まとめ役を買って出るのはいいことです。その場合の注意点は、やはり本当に行きたいと思っていそうなママ友に声をかけて、**二人で幹事役を引き受ける**こと。二人で幹事をやることで独断専行のイメージが薄れます。そして、具体化したときに万一ほかのママ友の反応がよくなかったとしたら、幹事2組の親子でお出かけすればいいのです。

もともと行きたい者同士なのですから、なんの不都合もありません。そのとき、イライラした態度ではなく、「それじゃあ残念だけど、私たちで楽しんでくるね。

また次の機会にみんなで行きましょう」と声をかけるのを忘れずに。

ママ友の距離感をつかむには時間がかかるものなのです。

二人目不妊に悩むママはけっこう多い

ママ友は子どもを介して知り合った人たちですから、子どものことが話題に上りやすいのは当然の成り行き。でも**気をつけたいのが、妊娠の話題**です。

なんの問題もなく二人目、三人目を授かったママは気づきにくいのですが、実は二人目不妊に悩んでいるママ、二人目を流産して傷ついているママはけっこう周りにいるものです。そういうママは人に言わずに独りで抱え込んでいるケースが多いので、「二人目、まだなの?」といった不用意な一言が思いがけない亀裂を生むことがあります。

子どもは一人と決めていたり、医学上・健康上の理由から二人目をあきらめているママだっているかもしれません。

反対に、二人目をあきらめているママがそれをオープンにし、「でももう気持ちが落ち着いたから、気にしないで。話題に出ても平気だから」というセリフが誰かを追い詰めていることも考えられます。「あんなふうに言えない自分」をふがいないと責めてしまうママがいるのです。

みんながみんなそうではないけれど、一人っ子ママがいるところでの妊娠の話題には注意が必要です。

パパ友づきあいはパパにお任せ

園や小学校によっては、「おやじの会」「父の会」などの名称でパパ同士の交流の場があるところもありますね。

パパだって最初の会話のきっかけとして「うちの子が仲良くしていただいているそうで、ありがとうございます」というセリフは使い勝手がいいので、ママ同士がよく知っている相手のパパと仲良くなるのはよくあることです。でも時には、あまりよく知らないママ友のご主人と仲良くなることだってある。

ママがやりがちな失敗が、パパがゲットしてきた情報を勝手にママ友に開示して

しまうこと。

たとえば、「○○ちゃんのパパは□□にお勤めだってさ」と夫が言うのを聞いて、「すわ、新しい情報だ」とばかりにあなたが仲良しグループのママ友たちに話してしまい、○○ちゃんのママから疎《うと》んじられることがあります。相手のパパは確かに自分で語ったのですが、開示したのは〝あなたの夫に〟であって、あなたにではありません。相手のママ友は夫の会社名を言いたくないから、これまで黙っていたのであり、そこを読み誤ってはいけません。相手の家庭に夫婦げんかの種をまいてしまったかもしれませんよ。

「失敗した！」と思ったら、そのママに率直に謝りましょう。一度きちんと謝っておけば大丈夫。それがきっかけでよく会話する仲になれたらラッキーです。相手のママがもともと距離の近い人であったなら、しばらくの間距離を置かれても、時間が解決するはずです。

パパ友づきあいはパパ同士にお任せするのがいちばん。いずれ家族同士のおつきあいに進んだら、あなたの欲しい（？）情報も自然にゲットできます。しかし、ママ友仲間に話していいことかどうかはよ〜く考えてください。

お受験がらみに地雷原あり

大学附属の小学校、私立・国立小学校のお受験をする子どもの割合については地域差がかなりありますね。割合が最も多いのは首都圏、中でも東京都が抜きんでていますが、受験先の学校数が多いのですから当然とも言えます。しかし東京都内でも地域差は大きく、園ごとのカラーによっても異なります。中にはクラスの半数以上が小学校受験をするという幼稚園も。

そうした園ではお受験がらみのトラブルが多いのかしらと想像されるかもしれませんが、そんなことはありません。お受験を考えている家庭も、まったく考えていない家庭も、入園前からその園のお受験実態を知っていて入ってきていますから、お受験自体があまり話題に上らないのです。

むしろ話題に上らせてトラブルとなりがちなのは、少数の園児がお受験する園のほうです。「お宅はお受験するの？」と聞かれて、深く考えずに「かもしれない」と答えてしまったため、その話が周りにも伝わって何人にも「ねぇねぇ、どこ受けるの？」と質問攻めにあい、ノイローゼになりかかったという話を聞いたことがあります。

抽選がある国立小学校は別にして、私立のお受験には「合格」「不合格」という明確な結果がありますから、良い結果だとわかるまで大っぴらにしたくない気持ちは理解できるでしょう？　小学生の中学校お受験はもっとはっきりしていて、3年生くらいのときには「ねぇ、塾いつから入れる？」「どの塾にする？」などとママ友間で盛り上がっていても、5年生くらいになるとお受験の話はぴたっと出なくなるものです。

お受験がらみは話題にしない、仮にママ友の子どもがお受験したことを知ったとしても**本人が話題にするまでこちらからは結果を聞かない**。この2点は肝に銘じておきましょう。

お受験は、合否に関係なく、その家庭の経済状況、教育方針、宗教、親の出身校（自分と同じ学校を受験させる例も多い）など、多くの情報が背景に隠されています。

個人情報をさらしたくないと考える人もたくさんいますから、地雷を踏んで後悔することのないよう気をつけたいものです。

ママ友関係に悩みが生じたら

ここまで、半径5m以内にママ友を迎え入れた(入れたい)あなたに敬意を表しつつ、トラブルを回避するコツをお伝えしてきました。でも距離が近いからこそ、思いがけないことも起こります。

AママとBママは家が近く、公園で知り合い、幼稚園入園前から仲良しを続けています。幼稚園では子どものクラスが別れました。ある日、Aママは同じクラスで知り合ったCママをBママに紹介し、2回ほど3人でお茶をしました。ところがしばらくたって、CママがBママだけをランチに誘っていたことが判明。Aママは「なぜ私の頭を通り越して?」と不満でいっぱいです。

こんな例もあります。Dママにはわりあい仲の良いママ友が4人いて、5人でお出かけすることもよくありました。しかし時間がたつにつれ、大雑把なEママに対してFママがイラつくという場面が増えてきて、とうとうFママが「ねぇ、Eママ抜きで○○へ行かない？」と言い出しました。Dママとしてはどちらとも仲良くしたいのですが、どうすればいいかと頭が痛い……。

最初の例では、AママはBママと不仲になったわけではないのですから、放っておけばいいのです。不満に思わず、普段どおりの態度で「あら、二人でランチしたの？　よかったら今度は私も誘って」と言っておきましょう。そこで初めて「ごめんごめん、たまたまスーパーで会って、そのままランチに行ったんだよね」とか「うちもCママのところも女の子じゃない。ちょっと相談を受けたのよ」などと事情がわかるかもしれません。

二つ目の例のほうが対応が難しいですが、まずは言われたその場で賛同しないこと。Dママが思い切って「せっかく仲良くなったのだから、みんなで行こうよ」「Eママにはこんないいところもあるじゃない」と発言できれば、案外丸く収まることもありますし、ほかのGママ、Hママも同じ考えならどの道、Eママ抜きのお出かけは流れます。

あえて言いますが、これらの例で、もしAママやDママがなんだか浮いてきたなんていう状況になったとしたら、それは**相手のママ友たちが半径5mの対象ではなかった**ということ。**半径10mまで一度引いて、視野を広げてみましょう。**

ママ友づきあいで必要以上に悩みすぎるとつらくなります。また別のママ友と仲良くなるチャンスがきっとあります。

これで安心!

“半径5m”のママ友とのおつきあいの法則

- □ お誕生日会は会費制を提案してみよう　55ページへ
- □ 噂話も悪口も言わない！　聞かない！　59ページへ
- □ お出かけは〝共通の財布〟もあり　61ページへ
- □ グループのお出かけは幹事を二人に！　63ページへ
- □ 一人っ子ママの前で妊娠の話題は気をつけて　66ページへ
- □ パパ友づきあいに口を出さない　67ページへ
- □ お受験は話題にしない　69ページへ
- □ あれ？っと思ったら距離を置いていい　71ページへ

半径10m

——トラブルのタネには近寄らない

半径5mは勘弁してほしいけど、
10mなら許容範囲。
そんなふうに考えているあなたは、
「ママ友の世界」での自分なりの距離感を
すでにつかんでいるのかもしれませんね。
でも、もう少し歩み寄るとまた違った景色が見えてくるかも。
わが子が人間関係の距離感をつかむ、
よい手本になってください。

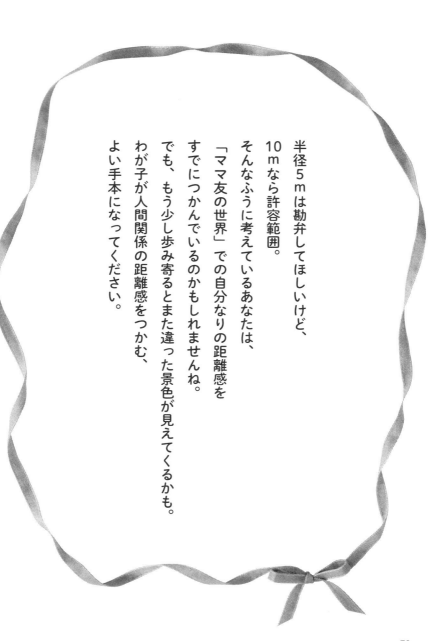

わが子がケガをさせられた!

幼稚園から電話があって、わが子がけんかをしてケガをし、これから病院に連れていきますと言われた。元気に帰ってくるはずのわが子を園バスのバス停で待っていたら、ケガをしていた。同乗の先生からけんかの説明はあったけど——。

幸いにも救急車のお世話になるような大ケガではなかったからよかったけれど、そんなとき、あなたはどんな気持ちになりますか? ケガをさせた相手の子のママに電話をかけてすぐに怒鳴ってしまいそう? 相手が半径5mの距離のママ友だったら率直に話題にできそうですが、10m以上距離のあるママ友だと言い方に悩むかもしれませんね。

幼稚園では、20年ほど前までは「園内のケガは園の責任。ケガをさせたほうの子どもに悪意がないことがほとんどだから、ケガをさせたほうの保護者には伝えず、ケガをしたほうの保護者にはケガの事実だけを伝えてお詫びし、誰がやったかは言わない」というのが通常の対応でした。でもその後は、「園内のケガは園の責任」という部分の考え方は変わっていませんが、「両方の保護者に事実を伝える」方向に大きくシフトしました。

対応が変わった理由は、ケガをさせたほうのママだけが起こったことを知らないままで、ほかのママたちはみな知っているという事態になることがままあったから。そして、「あのママはお詫びも言ってこない」とママ友関係がぎくしゃくする状況が多発したからです。

だって、幼稚園児は自分でしゃべれるのですから、いくら園が言わなくても相手が誰だかわかってしまうのです。「○○ちゃんにやられた」と本人が言うだけでなく、けんかを見ていた子どもたちだって自分の親に「今日、○○ちゃんと□□ちゃんがけんかしてね、□□ちゃんは病院に行った」と話します。けれども、ケガをさせた子どもだけが親に話さない。

念のためにお断りしておきますが、これはしつけの話とは無関係です。年齢にもよりますが、おそらくその子は、

①悪気があってやったことではないのでよく覚えていない

②先生に「あなたのせいではないよ」と言われたので安心して忘れた
③結果的にケガをさせてしまったという罪悪感があって親には言えない
のいずれかの状況かと思われます。その子と、知らずにいたママを責めてはいけません。

幼稚園が、ケガをさせた子のママにも連絡するようになったのは、そのママに相手にお詫びを伝える機会をつくってあげようと考えたからだとも言えます。なぜなら、**子どもに悪気はなかったとしても、すぐにお詫びを伝えたほうがママ友関係が悪化しにくい**からです。**万一わが子がケガをさせた側になったら、その原因がなんであれ、知った時点で素早くお詫びの気持ちを伝えましょう。**事情が許すなら、電話より直接のほうがより誠意が伝わります。

古い話になりますが、実は私の子どももお友達にケガをさせてしまったことがあるのですが、なんと事実を知ったのは3日後の夜でした。びっくりして子どもを連れて先方宅にすっ飛んで行きました。途中で買ったお菓子を出してお詫びをしつつ、「今、知りました」と話すと、先方もびっくり。父子家庭だったので話したのはパパですが、「なぜご連絡がないのかとずっと不思議に思っていました。園が知らせなかったとはねぇ。でも、知ってすぐ来てくださったから誠意を感じました。この件はこれで終わりにしましょう」と言ってもらえました。やはり、**「できるだけ早く」「面前でお詫び」**の二つは大事なことなのです。

私が知っている最近の例では、遠足に行った先の公園で幼稚園児の女の子が後ろにいた女の子に突然突き飛ばされ、足の指を骨折したというのがあります。ケガをさせた側のママ友からは連絡もなく、ちょうど骨がくっついた頃の1か月後に突然呼び出されて、「これが相場だから」と数千円の商品券を渡されたそうです。

ケガをした側のママいわく、「普段は腰の低いママなのに別人のようだった」とのこと。わが子の思いがけない行動に、先方のママ友はどんな態度を取ったらよいのかわからなかったのでしょうか。先方のママ友の態度に納得のいかなかったママは、その後相手とは距離を置くようになったと話してくれました。

速攻で謝罪してもらった側は、「お互いさまですから、気になさらず」と返せれば素晴らしい。先ほどのけんかでケガをさせてしまった男の子の心情を思い出してください。それは今後、わが子にも起こりうる状況なのですから。

でも「お互いさま」と言っていいのは、ケガをした側だけ。ケガをさせた側は「お互いさまですから」「子どものしたことですから」とは決して言ってはいけないと心得ておいてください。

また、園から特に連絡もなかったような小さな傷なら、「元気に遊んだんだな」と考えたいものです。子どもは小さな傷、小さなケガを経験して、大きなケガを防ぐにはこうしたらいいんだということを学んでいきます。取っ組み合いをしてひっかき傷をつくったなら、これ以上はやりすぎだと知っていきます。それを「この傷、誰にやられたの？」ときつく問いただすと、自分で転んだせいであっても「ママに何か言わなくてはいけない」と考えて、誰かの名前を出すことだってあります。

わが子の言う「○○ちゃんにやられた」を鵜呑みにせず、どうしても気になるなら担任の先生に問い合わせましょう。この項の冒頭の話に戻りますが、くれぐれも頭に血を上らせたまま、早まって相手のママ友に怒鳴り込むことのないように。

そして、ケガをさせた側のママはわが子をいきなり叱り飛ばすのではなく、一度は言い分を聞いてやってください。そのうえで、ケガをさせたことについては謝らなくてはいけないことを理解させてくださいね。年齢的に理解できていないようだったら、ママが誠心誠意謝る姿を見せていくしかありません。

SNSには危険がいっぱい

ＳＮＳとはソーシャル・ネットワーキング・サービスのこと。インターネットを介して人と人をつなぐもので、ママ友たちがよく使うのはＬＩＮＥとＦａｃｅｂｏｏｋ（以下、Ｆｂ）です。そして、問題になりやすいのがＦｂにアップされた写真です。ＬＩＮＥは誰とつながっているか自覚できますが、Ｆｂは〝全世界〟とつながっていることを自覚しにくいからでしょうか、無防備に子どもの顔写真をアップしてしまうママがけっこういます。

あなたもたまたま同じクラスのママ友のＦｂを閲覧していたら、アップされていた写真にわが子の顔がバッチリ写っているのを発見した、なんていうことがあるかもしれません。しかも、「○○ちゃん、□□ちゃんと△△にて」などと詳しく書いてある!

さほど親しくないママ友ならなおさら、「今のご時世に子どもの個人情報を駄々洩れさせるなんて非常識だ、肖像権の侵害よ」と、腹が立ちますよね。相手のママに三つも四つも文句を言いたくなるでしょうが、腹を立てたまま連絡するのはやめて、まずは落ち着いて。本人は「仲良しのママ友しか見ていないもの」という勝手な安心感をもっていることが多いので、あなたが頭から湯気を出して抗議すると、大きな温度差があることになります。強い言葉で注意すると、「ちょっと神経質すぎるんじゃないの」などと言い返されて、ますますこじれ、あとあとしこりを残す可能性があります。

個人情報を無断でアップされ、削除してもらいたいときは、パパをだしにするのがおすすめです。「夫が顔出しをすごく心配していてね。削除していただけないかしら」とやんわりお願いしましょう。ひょっとしたらSNSのルールに詳しくないだけかもしれないので、「こんな時代だから、お宅の○○ちゃんもお顔にシールを貼ったほうが安心かもしれませんよ」と教えてあげたら、それをきっかけに交流が始まるかもしれません。


子どもの顔写真はアップしないと決めているママでも、

「今日は前から行ってみたかった○○レストランで友人とランチ」

「子育てに頑張っているご褒美にとパパが誕生日プレゼントにコーチのバッグを買ってくれました」

などと写真付きでアップしたりしていませんか？　あなたは「滅多にないことだから」ついうれしくて書いたのだとしても、それを読むママ友がそのとおりに読み取ってくれるとは限りません。「何気なく自慢して嫌味なママね」と思うママ友がいるかもしれないのです。


何も書くな、Ｆｂをするな、と言っているのではありません。**読み手全員が好意的に受け取ってくれるとは限らない**ことを自覚しておこう、ということです。いろんなママ友がいるから、いろんな読まれ方をするのだろうなと割り切ることも必要。読む側も、書いてある内容と自分の生活を比べて落ち込んだり、嫉妬したりするのは無意味です。

Ｆｂは公開範囲を絞ることができます。完全オープンにするのか〝友達〟になっている人だけに限って読めるようにするのか、〝友達〟の中からさらに絞って限定オープンにするのか——。よく考えてＳＮＳを上手に使いこなしましょう。

つまらない「長話」を断ち切る魔法のフレーズ

幼稚園に子どもを送り届けたあと、園バスのバス停で子どもを乗せたあと、ついつい始まる立ち話、長話。本当はさっさと帰りたいけれど、なかなか切り出せない。こんなお悩みをもっている人も少なくないでしょう。でも、ある程度のおつきあいはやむを得ないと考えているあなたは、偉い。角が立たないように抜けたいと思っているから悩むのですよね。

使えるのは、

「ごめん、うちはたいてい子どもを送ってから洗濯なの。お先に失礼するね」

と言って帰ること。そして、雨の日だけ「今日は雨だから」と立ち話におつきあいするといいでしょう。これを定番にしてしまえば、誰も気にしません。

ほかには、

「今日は義母が来ることになっていて」

「今日は私、歯医者を予約しているの」

なども使えます。本当のことだけ言いたいならば、ママ友以外の場で時間を過ごす道を考えて、実際に習い事に通ったり、資格を取る勉強を始めてもよいと思います。自分の楽しみや可能性を広げることにも直結します。

長話を切り上げたいのは朝ばかりではありません。子どもが寝たあとのLINEのグループトークが延々と続き、おつきあいで参加しているあなたは閉口しているかも。そんなときは、

「あ、子どもが起きちゃった。抜けるね～」

「あ、ダンナが帰ってきた。悪いけど抜けるね」

「お義母さんがなんか言ってる」

と、家族の誰かを理由にするといいですね。

でも、「ドラマが始まるから失礼」とか「朝早かったから、寝落ち～」と書いても、角は立たないものですよ。難しく考えないで、自然体でいきましょう。

役員決めで好印象な態度と言い方

幼稚園のほとんどには父母の会、母の会、保護者会などと呼ばれる組織があり、クラスの代表委員と係とで構成されています。少数ですが、そうした組織をなくして園行事のお手伝いをする係だけ残している園もあります。

小学校ではＰＴＡ組織となっていて、保護者と教員の代表が本部役員につき、各委員会は保護者が回していくことが多いようです。小学校のＰＴＡでは、保護者に向けて任意参加の組織であることを明文化するところも出始めていますが、現状ではほとんどの保護者が参加しています。

いずれにしても、在籍する子どもたちの園生活、学校生活をサポートすることが目的。そうであるなら、できることは協力したいと考えたいものですね。
特に幼稚園時代に役員を引き受けることのメリットは、
①園のこと、保育のプロの教育方法がよくわかる
②わが子の家庭で見せる姿とはまた違った一面を知ることができる
③仲良しのママ友ができる
④十人十色のママ友からママ友づきあいのコツを学べる
など。これは実際に役員を経験したママたちの感想です。③は、1年間一緒に会の仕事を頑張ることで生まれる連帯感が為せる結果、④は「この役目を1年間無事に果たさねば」といういい意味での共通の縛りがある中で、こうすればうまく回るという落としどころをみんなが探ることで手に入れられるものです。
ママ友を見つけたい人だけでなく、**ママ友との程よい距離感を知りたいと思う人にとっても、いちばんの近道が役員や係を引き受けること**だと言っても過言ではないでしょう。

年度の初めの保護者会で役員・係決めがありますが、あっという間に決まるクラ

スもあれば、誰も手を挙げず静まり返ってなかなか決まらないクラスもあります。シーンとした中で手を挙げるのは勇気が要るかもしれませんが、引き受け手がいないようならぜひ立候補してください。

第一子のママだって遠慮する必要はありません。「園（学校）に早く慣れたいと思いますので、何もわかりませんが私でよかったら」と言ってみましょう。そのまま選出されたら、「先輩ママたちにフォローしていただくことも多いかと思いますが、よろしくお願いします」と付け加えれば感じがいいですね。

第二子以降のママなら「上にきょうだいがいて園（学校）のこともわかってきましたので、お役に立てるようでしたら」と言ってみましょう。「いろいろわかっているので、やります」と言うと、同じことを言っているのにずいぶん偉そうに聞こえます。

あのママと一緒なら同じ係を引き受けたいと思うこともあるかもしれませんが、たまたまやりたい人がほかにいなかったのならいざ知らず、何人かが希望しているのに強く主張するのは大人げないですね。園（学校）の役員や係を引き受けることは、**これまでよく知らなかったママ友、自分とはちょっとタイプが違いそうと思っ**

ていたママ友たちと交流できるチャンスなのです。相手の意外な面を知って仲良くなれるかもしれないし、やっぱり**ウマが合うとは言い難いと感じたとしても1年間で仕事は終わる**のですから気が楽です。人生勉強と思えば乗り越えられます。それに、もともと仲の良いママ友とコンビを組んだ場合、万一トラブルが起こったときに感情がもつれやすいという落とし穴もあります。

事情があってどうしても役員や係を引き受けられないのであれば、可能な範囲でその事情を説明したほうがいいでしょう。自分に持病がある、妊娠中で体調が悪い、家族に看護・介護が必要な者がいる、などは配慮してもらえるはずです。

でも、持病や体調が悪いことを理由に挙げながら、その後まるでその気配がないなんていうことになると、信用を失うことになります。また、「上の子の小学校（中学校）で担当しているので」と断ったママが、そちらでの係がごく簡単なものだったり嘘だったとあとでバレて顰蹙《ひんしゅく》を買った例もあります。

私がこれまでに聞いた中で思わず苦笑してしまった理由は「今年、妊娠予定なんで」。妊娠の可能性は誰にでもあるので、これは理由にはなりません。事情がある場合も、「今年は厳しいのですが、事情が変わったときに引き受けさせていただきます」の一言があると、周りも納得しやすいですね。

フルタイムで仕事をしている人は仕事を理由にしがちですが、今時は幼稚園でも預かり保育が充実してきてフルタイムワーカーは増えてきていますし、小学校ともなれば半数以上の人が有職者ということも珍しくありません。フルタイムであってもパートであっても「絶対できません」という態度は慎み、「仕事が休みの日にできる係はありませんか」

「行事の日は休暇を取りますので、当日できることがあればなんでもします」

「パソコン入力なら自宅で夜にできますが、そういう仕事はないですか」

と、自分から申し出ると好感度アップ。仕事をもっているママ友同士が知り合うきっかけにもなります。

「うちは子ども4人だから無理」などと子どもの人数を理由にすると、「大変なのはわかるけど、子どもが多いならそれだけ園（学校）にもお世話になるのだから、できることはやるという態度でいるべきなのでは？」と反発を買いやすいものです。

希望したわけでもないのに役員・係にさせられたのだから、仕事で集まりに行けないのは当然と欠席を続けてあきれられているママの話も聞きますが、「行けない代わりにこれをやりますね」という姿勢はもっていたいものです。

また、理由もないのに卒園・卒業までなんの役にも就かないでいると、自分が思う以上に周りは不満をためていることがあります。わが子がお世話になっている園（学校）の保護者の一人であることを忘れずに、できることを見つけていきましょう。ちなみに、**役員決めの日に意図的に欠席したりすると、ママ友たちは決して忘れない**のでご注意ください。

ママ友いじめを知ってしまったら

残念なことですが、ママ友いじめはないとは言えません。

たとえば、園バスの同じバス停を使う人たちの中で、一人だけ話しかけられないママがいるとか、同じマンションに住む人たちの中で、一人だけお茶会やランチに誘われないママがいるとか……。

ママ友の距離感
半径10ｍ

もし、本人から何かの拍子に悩みを打ち明けられたら、

「あらあら、それはつらいね」

と話を聞いてあげてください。バス停やマンションが同じだと、クラス替えがあっても環境に変化はないので、本人は相当つらいはずです。話を聞いてあげるだけで感謝されます。

本人が仲間外れにされる理由にまったく思い当たる点がない場合は、特につらい。あなたは、

「心当たりがないなら、堂々としていればいいと思うわよ」

「時間が解決してくれるかもしれないから、つらくても挨拶だけはしておくといいんじゃないかしら」

とアドバイスしてあげてほしいと思います。


ママ友とは半径10ｍの距離を保とうと思っているあなたが、そのママ友ともう少し距離を縮めてもいいかもと思ったのなら「私でよければたまには話を聞きますよ」と一歩踏み込んでもいいのですが、そうするといつも愚痴を聞かされることに

もなりかねません。こんな場合は、「イヤなことは忘れるに限る。一緒に別の楽しいことを探しましょう」という態度がよいのでは？

正義感に駆られて、ママ友いじめをしている側に「何か理由があるの？」とわざわざ聞きにいったり、「ママ友いじめはよくないよ」と注意したりするのはやめておくのが吉。かえって話がこじれてしまいます。本当に時間が解決するかもしれないのですから、ここは静観するのがいちばんです。

どこまで見られてる？　園内外の振る舞い

ママ友はママ友をよく見ています！

これは相手のママ友との距離の長短に関係ありません。幼稚園の送り迎えの際、隣の親子が頬をスリスリして抱き合っているのも見ているし、ちょっと離れたところにいるママ友がわが子の頭をバシッと叩いたのも見えてしまいます。

園内だけでなく、園外でも同じ。なぜかママ友には焦点が合ってしまうのです。道路ですごい剣幕でわが子を叱り飛ばしているところを見られて、翌日にはクラス中のママ友にそのことが広まっていたなんて、よくある話。中には繁華街でママ友の不倫現場に遭遇してしまい、そのあとどんな顔をして挨拶していいか困ったという人さえいます。その人は「悪いことはできないようになっているんだなと思った」としみじみ話してくれました。

かく言う私も悪いことではないけれど、出張で東京にやって来た幼馴染《おさななじみ》の男性とレストランに入ったら、なんとそこはママ友のパート先だったという経験がありました。慌ててママ友に幼馴染を紹介し、事なきを得た（？）のですが、そのときのママ友のセリフが「いいわねぇ、男性の幼馴染といまだにおつきあいがあるなんて」。きちんと紹介しなかったら、どんな話に変化して広まっていたかわかりません。

ほかにも、歳の離れた弟と会っていたら「○○さん、ホストクラブにでも通っているんじゃないの」と言われた人、仕事で同僚と新幹線に乗り込むところを目撃されて「□□さん、不倫しているみたい」と噂を広められた人など、いろいろな例があります。

「ママ友の世界」に属しているときは、ともかく**〝見られているかも〟と思って行動したほうが無難**。やましい点がなければ、仮に噂が立ってもいつでも毅然《きぜん》としていられますよね。親切にも「あなた、噂になっているわよ」と知らせてくれるママ友がいたら、その人にきっぱりと否定すれば大丈夫。この話もまた流れていきますから。

一方で、うれしい話もあります。

3人の子どものいるママが休日一人で買い物中、ママ友に出くわしました。「いつも3人連れて、すごい頑張ってるよね。私は一人でも大変で、実はこっそり尊敬してる」と話しかけられて、とてもうれしかったそうです。そんなに親しいわけでもないけれど、「見てくれている人がいるんだなぁ」と元気が湧いたと話してくれました。

もしかして、うちの子いじめられている？と感じたら

わが子が「遊びにまぜてもらえない」「イヤなことをされたり言われたりする」などと訴えてきたら、「すわ、いじめか」とママとしては心配になりますよね。そ

こに「○○ちゃんが」と固有名詞が付いたりしたら、とても黙ってはいられません。ケガの項目のところでも書きましたが、相手のママ友にすぐに文句の電話をかけてしまうでしょうか。

でも、わが子が幼稚園児なら、ちょっと待って。

いきなり相手のママ友に「どういうことですかっ」と詰問するのではなく、少し様子を見て、わが子が何度も同じことを言うようなら、まずは担任の先生に事実確認をするのが先です。先生にも詰問口調ではなく、「子どもがこんなふうに言っているのですが、何かありましたでしょうか」と相談口調で尋ねましょう。

私がこんなふうに言うのには訳があります。万年保育実習生と称して十数年も幼稚園に定期的に通い続けている中で、いくつか学んだことがあるからです。

一つは、幼稚園時代はほとんどが「いじめ」ではなく「いじわる」のレベルだということ。そしてその「いじわる」はけっこうお互いさまであることが多いものなのです。

たとえば、「○○くんがいつも私を叩く」と訴える女の子がいたとします。暴力はいけませんから、その男の子に非があるように思いがちですが、実は口が達者な女の子のほうがよく男の子をからかい、口下手な彼が言い返せなくて手が出た、というのが真相だったりします。子どもは自分から「実は私が先にいじわるした」などとは告白しませんから、ママはむやみに頭に血を上らせてはいけません。特に年少組の子どもたちは、まだうまく言葉で表現できなくて代わりに手や足が出ることは珍しくありません。

二つ目は、**発達段階上の特性**があるということ。

年少組の頃はまだまだ自分中心でお友達のことにもあまり目が向いていません。仲がいいのは入園前から公園や児童館で一緒に遊んでいた子という状況です。

年中組になると気の合う相手を見つけ始めますが、特に年中の夏以降の女の子によく見られるのがお友達の囲い込み。性格の強い子だと「○○ちゃんは私と遊ぶの。□□ちゃんは来ないで」と言ったりすることもあり、言われた子はべそをかいたりします。でも、これも徐々に落ち着いていきますから、ママが必要以上に心配しなくても大丈夫です。

また、年長組になるとお互いの個性に気づき始め、わりあいありがちなのが、リーダー格の男の子にあこがれて別の男の子がついて歩くとか、面白いことを言う子が大好きで別の男の子がいつもくっついていくといったケース。

このとき〝相思相愛〟であれば問題ないのですが、つきまとわれた側がうっとうしいと思ってしまうと「ついてくるな」と怒鳴ったりして、揉めたりします。こんなときは「あなたのことが強くてカッコいいと思っているんだって」「面白くて大好きなんだって」と大人が教えてあげると、「なーんだ」という感じで突然沈静化することもあります。

三つ目は、**これまで仲良くしていた子と遊ばなくなった＝いじわるされている、ではない**ということ。

多くは年中組以降のことですが、公園時代から仲良くしていた子や年少組で同じクラスだった子という関係性から離れて、〝同好の士〟と一緒に遊ぶ姿が見られるようになります。たとえば虫に興味をもった子ども同士が園庭の隅を掘り返して遊んだり、サッカーが好きな子どもばかりでボールを追いかけたり、魚に関心のある子ども同士で水槽をのぞきこんだりといった具合。**子どもの興味関心が移るたびに仲良しが変わっていく**こともあります。

というわけで、わが子がいじめられているのでは？　と心配になっても、速攻で行動に移してはダメ。でも園（学校）にいじめはないと断言できるものでもありませんから、最初に書いたように、やっぱり変だと感じたら遠慮なく担任の先生に相談しましょう。

あの子を注意したいけど、ママ友の顔がちらつく……

お友達がわが家に遊びにきました。

それはいいんだけど、勝手に人んちの冷蔵庫を開けるのはやめてもらいたい。

買い替えたばかりのソファの上でガンガン飛び跳ねて生地が破れそう、いったいどんなしつけをしているのかしら。
1歳の弟が遊んでいたおもちゃを奪い取って泣かせるなんて、ひどすぎる。
狭い家の中を走り回って花瓶は落として割るわ、ジュースはこぼすわで大わらわ。
……よその子を叱ってもいいものなの？

こうした悩みをもっているママはかなり多いです。なぜ悩むのか。それは、叱ったことで相手のママ友と気まずくならないかと心配になるからですね。

ママ友づきあいに気を遣うのは大事なことですが、でもよく考えてみてください。

それ以上に大事なのは、親世代として子ども世代に伝えるべきことは伝えることなのではないでしょうか。マナーやルールをまだ知らない世代に、これはしてはいけないことだと年長者が教え説くことになんの不都合もありません。特にそれがわが家のルールであったり、相手の家庭が同じ状況・環境になかったとしたら、その子は知らなくて当然です。

問題は言い方、注意の仕方です。頭にきて感情的に怒鳴ったのでは、その子はびっくりして泣き出したり、言われたことは理解しないまま怒鳴られたことだけを自分の親に報告するかもしれません。

ここは**深呼吸して冷静になり、その子を座らせて、きちんと目を見ながら、**
「○○の理由で、□□はしてはいけないことなのよ」
「○○だから、おばちゃんちではそういうことはやめてほしいな」
と伝えましょう。

このとき気をつけたいのは、わが子も一緒になって同じことをしていたなら、二人に同時に話して聞かせること。お友達だけを叱ることはまずないでしょうが、よくいるのは相手のママ友を意識してしまい、わが子だけを叱ってしまうママです。わが子を叱ってもお友達には届きませんし、わが子は自分だけ叱られて納得できないのでママの言葉が耳に入ってきません。

ママ友が迎えに来たら、「こんなことがあってね、うちの子と二人まとめて叱っちゃったからご報告」と明るく言ってしまうに限ります。もしそこで「人んちの子を叱るなんて信じられない」などと言うようなママ友だったら、少しずつ距離を置くようにすればいいのです。

子どもは複数集まるとテンションが上がります。壊れやすい物、危険な物は最初から片付けておき、触ってほしくない物には布などを掛けて「触らないでね」と言っておくのも大切なこと。これも、前述した子どもの行動を〝想像〟することの一つです。

腕白なわが子をよそのお宅に遊びに行かせるときは、「いけないことをしたら、がっつり叱ってね」とママ友に言える人は素敵ですね。前もってそう言われたならば、心置きなくがっつり叱りましょう（笑）。

ただし、物言いは冷静に、冷静に。

column

2

「うちの子、発達障害かも？」と思ったらママ友関係はどうする？

発達障害にはさまざまな分類があり、同じ障害名であっても子どもの様子は一人ひとり違います。幼稚園入園前では発達障害と確定診断される子どもはそう多くはなく、「○○の傾向がある」とされることが多いようです。

2歳代でわが子に育てにくさを感じ、「もしかしたら？」と思うママもいますが、幼稚園入園後に集団の中でのわが子を見て「ほかの子と違う」と気づくケースもあります。たとえば、お友達とうまくかかわれない、こだわりが強すぎるという心配があっても、その子の月齢、気質、これまで育ってきた環境によるものである場合もありますから、「どうなんだろう」とママの気持ちが揺れるのはよくわかります。お友達に対してすぐ手が出る、噛みついてしまう、かんしゃくを起こしやすいなどの子どものママも、程度の差はあれ気持ちが揺れています。

「お友達との間で何かあったらまずい」という意識が働くためか、ママ友づきあいでも一定の距離を置くママが多く見受けられます。そして、ひとたび何かあると、「やっぱりやっちゃった」と半径10mから100mまで引いてしまいがちなのです。ですが、これは逆効果。障害のあるなしにかかわらず、人間一人では生きていけません。担任の先生に手助けされながら、**すべての子どもが園での自分なりの居場所を探し、そして力を合わせることを学んでいるときに、ママのほうが引いてしまったのでは本末転倒です。**

ママ友たちに対しても、「何かあったら……」と萎縮するよりも「こういうことがあるかもしれないけれど、よろしくお願いします」と話し、「やっちゃった」と悩むよりも「ごめんなさい、申し訳なかったです」と率直に詫びて普段からママ友との距離を縮めておくほうが、園生活がうまく回っていくようだというのが長年幼稚園に出入りしている私の印象です。

「うちの子がこんなことをしているところを見かけたら、遠慮なく注意してね」「うちの子がパニックになっているときは、こういう言い方をすると届きやすいから試してみて」

などと話せる関係性を築けていると、周りのママ友の目が優しいように感じます。ママ友との距離が近いほど「心配しないで。わかっているから」と言ってもらえるはずです。


逆に子ども間で「何かあった」あとに、ますますママ友から遠ざかってしまうと、

「どうしてお詫びがないの？」

「何を考えているかよくわからないママだよね」

などと言われたり、さらには
「あの子に担任がとられっぱなしだよね」

と否定的なコメントを誘発させたりしがちです。


子育てに悩んでいるのはみんな同じ。でも子育てには無上の喜びもあります。内にこもらず、みんなと一緒に子育ての楽しみを探してください。

もしあなたが「担任をとられっぱなしだ」と不満をもつ側であったとしたら、子どもの立場で考えてみてください。**幼児期にさまざまなお友達たちと触れ合い、助け合う体験は、大人になったときに大きな力となって返ってくる**ものです

ギャー
ギャー
急に
どうしたの!?
もしかしたら
うちの子…
うちの子、もしかして
発達障害かも…
ギャー!!
あっ
仲良くね!
大丈夫よ
ホッ

トラブルを防ぐ！

“半径10m”の
ママ友とのおつきあいの法則

- □ 子どもがケガをさせられたときほど冷静に 79ページへ
- □ フェイスブックは読み手の気持ちを考えて写真をアップする 84ページへ
- □ 長話を切り上げる〝言い訳〟を持っておこう 87ページへ
- □ 役員への挑戦はママ友の距離感をつかむ近道 89ページへ
- □ ママ友いじめの悩みは聞いてあげるだけでいい 94ページへ
- □ とにもかくにも〝見られているかも“と思って行動 96ページへ
- □ うちの子いじめられている？　と思ったら担任の先生にまず相談 98ページへ
- □ よその子がいけないことをしたら叱っていい 102ページへ

半径100m

——わかり合えなくても平気？

ママ友とは距離を置きたいあなた。
自分と異なる考えの人、合わないと思う人を
切り捨てるとラクですが、
実はあなた自身の成長のチャンスを
みすみす手放しているのかも。
「ママ友の世界」にいる期間は思ったより短いものです。
子どもと一緒に人との折り合いのつけ方を
学ぶのも悪くないですよ。

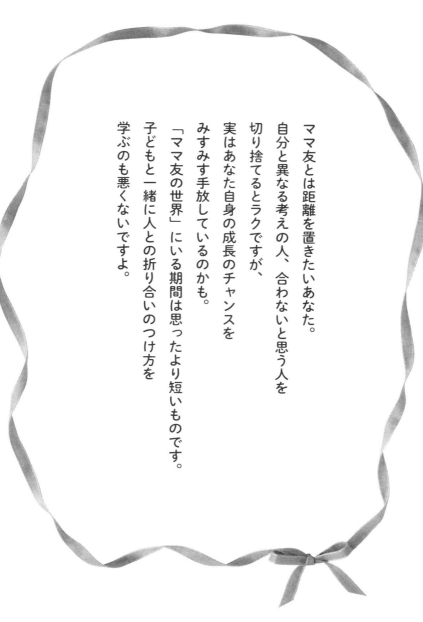

子ども同士は仲がいいけれど、ママ同士は？

子ども同士はとても仲がいいけれど、自分はどうも相手のママが苦手。それでも子どものためにはママ同士も仲良くすべきなの？

そんなお悩みを抱えるママはけっこうたくさんいます。では、私が「仲良くすべきです」とアドバイスしたら、仲良くできるのでしょうか？　お愛想笑いを振りまいたり、行きたくもない外お茶につきあったりして、楽しいですか？　楽しくないことをするのを「仲良くする」とは言いません。どうしても気が合わないのであれば、無理をして仲良くしなくてもよいのでは？

でも、ここまで読んできてくださったあなたなら、**「仲良くしないこと」**と**「ママ友づきあいをしないこと」とはイコールではない**ことにお気づきですよね。

たびたび書いてきましたが、ママ友は子どもを介して知り合った人、園や学校という同じ集団に属する子どもたちを一緒にサポートする人たちです。ですから、特に仲がいいわけではなくても会えば明るくきちんと挨拶を交わし、もし保護者会等で同じ係になったら協力し合う。これは当然のこと。気が合わないからといって口もきかなくてもよいと言っているわけではありません。**「子どもが仲良くしていただいて、ありがとうございます」くらいは言えるような関係性はもっていたい**ものです。

もし、わが子が幼稚園内だけでは満足せず「公園で○○ちゃんと遊びたい」と何度もねだるようなら、ママ友に「子どもがそう言いますので、今日○○ちゃんをお預かりしていいでしょうか。帰りはお宅までお送りしますので」と言ってみてはどうでしょう？

後日、先方から誘われるようなことがあれば「では今日はうちの子がお世話になっていいですか？　家事がたまっているのでそうしていただけると助かりますが……。これからも交代でどうでしょう？」と提案すれば、公園で嫌々会話しなくても済みます。こんな言い方をすれば、相手のママ友も「そうか、この人はママ友と距離を置きたいタイプなんだな」と察します。

でも、よく考えてみてください。相手のママ友がまた一緒に公園で遊びませんかと誘ってくれたということは、先方はあなたに対して抵抗感がないということではありませんか？

人間とは面白いもので、双方とも相手に抵抗感がある場合はそれが抑止力になって、交流が始まることは滅多にありません。このケースでは相手のママ友はまだなんの思い込みもない真っ白の状態のようですから、**あなたのほうが殻を破って近づけば交流の芽が出てくる可能性があります**。

ちょっと話は飛びますが、親は一生懸命子育てをしています。とりわけ第一子のママは暗中模索の状態ですね。二人目以降のママでも、上の子のときはこのやり方でうまくいったのにこの子はどうもうまくいかないと、あれこれ試行錯誤している最中かもしれません。時には、「私の言うことは聞かないくせに、幼稚園の先生の言うことはちゃんと聞いているみたいで嫉妬しちゃう」なんていう声を聞くこともあります。

これには、園児が幼いなりに、ここは集団生活の場だと理解して自制心を身につけつつあるからという側面がもちろんあるのですが、もう一つ、先生がその子に合った、その子が納得しやすい言葉や態度で伝えているからという理由もあります。先生は過去にさまざまなタイプの子どもを受け持ってきた経験から、その子に届きやすい言い方や対応の仕方を早い時期に見抜くからです。

それと同じ効果を、あなたがちょっと苦手だったり価値観が違うから合わないと感じたりするママ友から得られることがあります。うちの子ったら、私の言うことにはすぐ反発するけれど、あのママの言い方だとなんだかすんなり受け入れるみたい……。

ママたちは子育てのやり方をあれこれ試行錯誤しますが、当然、自分が良かれと思う方法の中で微調整していきますよね。自分の発想にないやり方は試しようがありません。でも、**自分とタイプの違うママ友のやり方を見て、「へぇ、そういうアプローチもありなんだ」と気づくことがあるかもしれない**のです。だからこそ、苦手なママ友をバッサリ切り捨てるのはもったいないかも、と私は思います。半歩ほど歩み寄ってみると、思わぬ〝いいこと〟が待っているかもしれません。

そして、何より大事なのは、わが子に「ママね、○○ちゃんのママが苦手でね」などとよけいなことを言わないこと。何度も言うと、賢い子ども、やさしい子どもほど「ぼく（わたし）が○○ちゃんと仲良くすると、ママはイヤなのかな」と気を回してその子と遊ぶことを迷い、関係がぎくしゃくすることもあります。「○○ちゃんのママが苦手だから、○○ちゃんとは仲良くしないでね」なんて言うのはもってのほか。**親が子どものお友達づきあいに口を出してはいけません。**

それでなくとも子どもたちは園（学校）で、人とのコミュニケーションの取り方、折り合いのつけ方を学んでいる最中です。子どもにだってウマが合う、合わないはありますが、○○くんに「おもちゃ貸して」と言うと「ヤダ」と言われちゃうけど、「おもちゃ、あとで貸してくれる？」と言うと「うん、いいよ」と言ってくれると学んだり、年齢を重ねるごとに、同じ班になったんだから、同じクラスメイトなんだから一緒に頑張るときは頑張ろうと考えられるようになったり……。

ママがお友達を選別したりせず、**子どもの成長を喜ぶ応援団**であってほしいと思います。

column

3

子どもはママの話に耳ダンボ

本文で「ママは○○ちゃんのママが苦手で」とつぶやかないでと書きました。子どもは意外なほどママの話をよく聞いています。わが子に直接言ったことばかりでなく、ママ友同士の話やママとパパの会話にも耳ダンボ。


たとえば、ママが夜、パパと話していたとします。

「○○先生は優しくていいんだけど、若くてちょっと頼りないのよね」

「この間もちょっと意見を言ったら泣いちゃったのよ、いい大人なのに」

「□□がお友達とけんかしたときだって、対応がまずかったでしょ」

「来年は違う先生が担任になるといいんだけど」

よく知る先生の話題ですから、子どもはしっかり聞いています。

担任の先生がママより若いということはままあることでしょうが、**年下であっても保育のプロ、教育のプロ**です。子どもにとっては大好きな先生。先生への悪口を聞いたら悲しくなりますし、ママが先生を軽視するような発言を繰り返すと、子どももそういう気持ちになってしまうかもしれません。

先生を中心にクラスがまとまっていく大事な時期に、ママが水を差すようなことがあっては一大事。保育者、教育者としてのキャリアがまだ浅い先生であっても、**子どもにとっての「先生」なのですから、敬う態度を子どもにも見せてください。**

先生と会話をするときも敬語や丁寧語を使い、友達や後輩のような馴れ馴れしい態度は慎んで。


また、子どもがそばにいるときのママ友同士の会話の中で、わが子を卑下した言い方をしてしまうことはありませんか？

ママ友と距離を置きたいと思う人ほど、せっかく相手が、

「お宅の△△ちゃん、立派に発言できてすごいね」

と褒めてくれているのに、

「いえいえ、ただ気が強いだけで」

と謙遜したり、

「ジェットコースターに乗りにいかない？」

と誘われて、

「いや～、うちの子は臆病だからダメかも」

と答えたり。早く会話を終わらせたいとか、臆病と言ったのはお誘いを断るためだったとしても、子どもは、ママってぼく（わたし）のことをそんなふうに思ってるんだとガッカリしてしまいます。

別のケースとして、ママがママ友同士の会話のウケ狙いや単なる話題稼ぎのつもりで話したことでも、子どもが耳にして傷つくことがあります。

たとえば、「△△ったら、この間おもらししちゃって。年長さんだっていうのに」なんて笑いながら話すと、「絶対誰にも言わないでって頼んだのに、ママはひどい」と長いこと親に不信感を抱き続けることがあるのです。しかも、相手のママ友が自分の子に話し、グルッと一回りしてわが子に戻ってきたりしたら、もう最悪。

これを言ったら、子どもはどう受け止めるかな？　傷ついたりしないかな？　そういう想像力をもつことが、発言に失敗しないコツです。

もったいないわぁ
あら もったいない
ママ そっくりね！
私のログセ!!

ママ友いじめにあってしまったら

あなたが半径100m以内にママ友を寄せ付けないと決めたのは、いわれなきママ友いじめにあったせいなのかもしれません。

それまで、それなりにおつきあいのあったグループから無視される、口をきいてもらえない、誘われないという目にあっているなら、グループの中でいちばん話しかけやすい人に思い切って理由を聞いてみてもよいと思います。気づかずに誰かを不愉快にさせていたということがあったのかもしれません。はっきり理由があり、あなたにも思い当たるふしがあるなら、そこがクリアになれば状況は改善されるはずですから率直に謝りましょう。自分に直すべきところがあったのなら、これから気をつけていけばいい。

理由を言われたものの、「そんなことで?」とどうしても納得できなければ、残念ですがそのグループとは距離を置かざるを得ませんね。理由を言ってもらえなかったときは、ほとぼりが冷めるまで気にしないこと。どちらの場合もしばらく「ママ友の世界」を離れて、学生時代の友人や以前の職場の友人たちに会って息抜きをしてください。

でも、**ママ友はほかにもいっぱいいます**。モヤモヤが晴れてきたら、また、自然体でおつきあいできそうなママ友を見つけてほしいと思います。その過程で、「実は以前、ママ友いじめにあって」とわざわざ言う必要はありません。**たくさんのママ友の中に、あなたと同じ距離感が心地よいと思う人がきっといるはず**です。

男の子のママは男の子のママとつきあうべき？

面白いもので、ママ友グループは子どもの性別でなんとなく分かれていることが多いですよね。子ども同士が仲良しで、ママ同士も自然に仲良くなりやすいという面はあると思います。

わが子は男の子、でも仲の良いママ友の子どもは女の子。男の子のママとも頑張って仲良くなったほうがいいのかしらと考えることがありますか？

前にも書きましたが、子ども同士が仲良くしているのなら、ママ友同士は最低でも挨拶を交わす関係性を築いておけば、それでなんの問題もありません。

別の視点から考えると、**男の子のママが女の子のママと親しいのは、じつはかなりお得**。

というのも、男の子は園（学校）で起こったことを逐一話してくれないことが珍しくありませんが、女の子の多くは親になんでも話して聞かせるからです。園（学校）情報を得るには女の子（のママ友）が欠かせない！

もちろん、女の子でも口数の少ない子はいますし、子どもの話ですから丸ごと鵜呑みにしてはいけませんが、ある程度の情報をゲットできます。ラッキーだったなと思って、今仲良くしているママ友を大事にしてください。

「今度ランチでも」は社交辞令？真に受けてもいい？

あまりママ友づきあいをしていないあなたが、「今度ランチでも」と珍しく誘われたとします。真に受けていいのかしら、社交辞令だったらイヤだなと思うかもしれませんが、社交辞令かどうかはもう一歩踏み込んでみなければわかりません。踏み込んだものの話がまとまらなかったとしたら、「やっぱり社交辞令か」と割り切ればいいだけのこと。ひょっとしたら相手のママ友も勇気を奮って踏み出したのかもしれませんから、ママ友づくりにつながるかもしれないチャンスをみすみす逃す手はありません。そもそも、全くその気がないのにわざわざ誘いませんって。

園の送り迎えで遭遇したママ友から「今度ランチでも」と声をかけられたら、「喜んで」と答えて、次にお会いするときまでに都合を調べておくと伝えましょう。あなたの都合の良い日を三つほどメモして、次に会ったときに手渡します。その場で回答があれば、ほら、簡単に決まりました。「お店、どこにします？」と聞かれたら、あなたは誘われた側なので「あまり詳しくないので決めてくださるとうれしい」と言って構いません。そのママ友がどんなお店を選ぶかでも、いくつか情報が得られます。

ほとんど初めて話す相手なら、話題をいくつか考えておくといいですね。**わが子の性格**を話したり、相手が先輩ママなら**子育てや園、園行事について**尋ねたり、違う土地の出身なら故郷の名所の話を出したり。**お手軽レシピの話題**はどのママにも受けます。最初は立ち入りすぎない話題を選ぶこと。

感じのいいママで楽しく過ごせたのなら、「今日は楽しかったです。機会があればまたぜひ」と口に出して言ってください。でも、すぐ次の約束をしようとするのは急ぎすぎ。

万が一ですが、都合の良い日を知らせたのにそのまま返事がなかったとしても、落ち込む必要はありません。たまたま都合が合わなかったのかもしれないし、本当に社交辞令だったのかもしれませんが、今後も会ったら明るく挨拶を交わしていきましょうね。あなたのその裏表のない態度が、「やっぱりもう一度誘おう」という気持ちを引き出すのです。

たまに会うだけだからこそ〝いい印象〟を残すために

ママ友の仲良しが欲しいわけではないけれど、たまに会うときに避けられてしまうのは悲しいと思っている人もいるでしょう。私も二人のママから別々に、そんなぼやきを聞かされたことがあります。

一人は、顔立ちがちょっとキツイ人で、そのためかなんとなく怖がられていると言います。もう一人はかなりの美人で、それを鼻にかけて澄ましていて感じが悪いと噂されている、と言うのです。

私は二人にこうアドバイスしました。「最初が肝心よ」と。

キツイ顔立ちも美人も、整形でもしないかぎり変えるわけにはいきません。だからこそ、年度初めの保護者会の自己紹介の折を逃さず、自ら話題にしなさいとすすめました。

「こんな顔立ちなもので怖そうに見えるらしいんですが、中身はいたって普通ですからよろしくお願いします」

とか、

「情けないことに人の顔と名前を覚えるのがものすごく苦手です。おまけに視力も悪いので、道ですれ違っても挨拶もせずに通り過ぎるという失敗を何度もやっちゃってます。お願いですから、気がついたら皆さんのほうから声をかけてやってください」

などと自己申告すれば、笑いとともにみんなが覚えてくれるはずです。おまけに場もなごみ、一石二鳥。

それにプラスして、ママ友たちがかたまっているところに近づいたら自分のほうから挨拶するよう心がければ文句なしの対応です。

幼稚園ママと保育園ママは小学校でかみ合わない？

子どもが小学校に上がると、保育園ママだった人たちから「幼稚園ママだった人たちとやりとりすると、時間の感覚が全然違ってイライラする」という声が聞こえてくることは確かにあります。特にＰＴＡ活動の場面でそう感じることが多いようです。

たいていのワーキングママは職場で効率が優先されるのが普通ですから、なにごともさっさと進めるのがよいと思う傾向がありますが、**子育て回りのことは効率だけがすべてではありません**。そして、**ＰＴＡ活動は仕事ではなく、言ってみればボランティア**です。そのことをみんなが認識できるといいですね。

保育園ママだから、幼稚園ママだからと苦手感をもつのではなく、ＰＴＡ活動の中でも、必要であればじっくり検討し、無駄を省いて効率よく進められることはそうしていく。保育園ママに学ぶ点があれば、いただいてしまおうくらいの気持ちが大切です。

そもそも時間の使い方は人それぞれ。

ママ友づきあいが楽しいと思う人、家族団らんの時間が最優先だと考える人、趣味や習い事の時間を大切にしたい人、仕事やボランティアに邁進《まいしん》する人、どの人の気持ちもないがしろにされるべきではありません。そのうえで、みんながＰＴＡ活動の時間を捻出し合っているのだという自覚をもてば、穏やかな場になるのではないかと思います。

小学校は別々だけど中学校でまた一緒。おつきあいは継続？

卒園後、仲の良かったママ友グループのうち一人だけが違う小学校に。でも中学校でまた一緒になる。ママ友づきあいは小学校時代もずっと続けるべきかと聞かれたことがあります。質問してくるくらいですから、おつきあいの継続を積極的には望んでいないということでしょうね。

本書の冒頭でも述べましたが、ママ友は期間限定のおつきあい。小学校の6年間がぽっかり抜けても、中学校で再会したときに「お久しぶり。またよろしくお願いします」でいい関係です。つまり、その間は半径100mくらいの距離感でいいということです。

質問してきたママは、仲の良かったグループのほかのママ友たちから「みんなであちらの小学校の運動会に遊びに行こうよ」と誘われ、一度はつきあったけれどもこの先も？　と悩んでいるとのこと。先方のママにも小学校で新しいママ友関係が生まれていますし、そもそも運動会なのですから、こちらのママ友たちと長時間おしゃべりする時間はないはずですね。

ですから実は、違う小学校に行ったママ友とおつきあいを続けるかというよりも、幼稚園時代のママ友グループとおつきあいを続けるかどうかという問題です。それはご本人が決めること。グループのメンバーそれぞれも自分の小学校のママ友づきあいが増えてきて、来年の運動会訪問は自然消滅するかもしれません。今から先のことを悩まなくてもいいのではないでしょうか？

卒園後に始まるおつきあいもある

今度は前項とは逆の例です。幼稚園在園中はあまり話したこともなかったママ友。その子どもはわが子と違う小学校に入学しました。卒園後、わが子がどうしてもその子に会いたいと言ってきかないので、渋々連絡し、休日に親子2組でお出かけすることに。そうしたら意外にも気が合うことがわかって、子ども抜きでも会うようになったというママがいます。

小学校が違うので、面倒なママ友づきあいとはまた違った関係が生まれたのでしょう。**半径100mから始まるおつきあいもある**のです。渋々でも、一歩を踏み出したことが功を奏した一例です。

転勤族の拠りどころ

幼稚園を途中で転園することになったら、ママ友関係はまたゼロからのスタート。

ちょっぴり憂鬱《ゆううつ》ですね。

新しい園での初登園日は、同じクラスのママ友たちにとにかく笑顔で名前を名乗って挨拶することを大切に。近日中に担任の先生や周りにいるママ友からクラス委員のママを教えてもらい、直接顔を合わせて挨拶しておくと万全です。「右も左もわかりませんが、園のことなどで知っておいたほうがよいことがあったら、ぜひ教えてください」と言っておけばさらに安心。園バス利用で幼稚園には出向かない場合は、まずは同じバス停のママ友たちに自己紹介です。

年度途中の転園の場合は、すでにママ友グループが出来上がっていることが多く、なかなか輪に入っていきにくいでしょうが、ここはじっくり様子見といきましょう。そのうちに話しやすいママ友が見つかり、そのママを通してグループに入っていけることもありますから、焦らないことです。翌年に役員を引き受けるのもおすすめ。

それでも早めに一歩を踏み出そうとするなら、**担任の先生から同じく転園してきたママの名前を教えてもらう**のも手。同じ経験をしてきた**転勤族のママ友は、仲間に優しいことが多い**です。転勤族のママ友ばかり4人が仲良くなり、その後全員がその土地を離れてまた転勤したけれどもＬＩＮＥでつながり、順番に転勤先を訪ね合って1泊旅行を楽しむ仲になったというママたちもいますよ。

土地によっては閉鎖的だったりして、うまくママ友の輪に馴染めないということもあると思いますが、そんなときは**「また転勤がある。ここは一時停止の場所」くらいに考えて、深刻になりすぎないように**。子ども同士が仲介役を果たしてくれることもありますから、じっくり待ってみましょう。世の中には幼稚園が同じ、上の子の小学校も同じ、社宅も同じ、おまけに夫の所属部署も同じでスーパーの買い物の中身までバレているといった閉塞感に悩むママ友も多いのですから、それに比べれば大いに自由ではありませんか。

転園直後、まだママ友の名前と顔も一致しない頃でも聞かれるのが「ご主人はどちらにお勤め？」。周りは興味津々です。答えたからといって仲良くなれるわけではないですし、転勤のある会社ならある程度規模の大きい会社だろうと予測して経済状況を知るきっかけにしようと考えるママもいます。言いたくなければ、最初は「食品関係で」「流通系で」というレベルの答えで十分です。

column

4

転園先の幼稚園を探すとき

自宅の購入などで引っ越しを決めたときは、前もって転園先の幼稚園を探す時間があるかもしれませんが、突然の転勤が決まったときは時間の余裕がないことが多いですね。しかも年度途中の転園は定員に空きがなければ難しいので、ママたちは気が気ではないでしょう。でも昨今は少子化のせいで定員割れの園も少なくないですし、中都市以上なら、園バスを利用できる園を含めれば複数から選択できるのではないかと思います。

ただ、子どもが年少組だったり、ママが早くママ友たちと親しくなりたいと考えるのであれば、**徒歩で通える園のほうがおすすめです。子どもは送り迎えでママとともに行動できるので早く安定しますし、ママ友同士で会う機会も多い**からです。

転園先を探す時間が短ければ短いほど、どこでもいいから早く決めたいと考えがちですが、もし選択肢が複数あるなら幼稚園のホームページなどを見て園のカラーをチェックしましょう。
数のうえでは私立幼稚園が最も多く、私立にはそれぞれ建学の精神があり教育方針があります。教育方針に〝元気にたくましく〟を掲げる園と〝明るく思いやりのある子に〟を掲げる園では、やはりカラーが異なるでしょう。自由遊びが中心なのか一斉保育の時間が長いのか、ママにとって給食があることは絶対なのかなど、希望する項目ごとに比較してみるとよいと思います。茶道、英語、クッキングなどが保育に組み込まれている園、はだし保育、わらじ保育など特色のある園、いろいろあります。

幸いにも選択肢があり、先方の園に定員の空き状況を電話で問い合わせるのであれば、もう一つ、「近年、転入児の受け入れがありましたか？」と聞いてみましょう。**毎年一人二人転入児を受け入れている園は、受け入れ態勢が整っている**とも言えます。すべてとは言いませんが、毎年定員めいっぱいで新入園児が入ってきて、転出児も少ないという園では、転入児の扱いに慣れていないことがあります。よりきめ細かい対応を期待するのであれば、尋ねてみても損はありません。

同じ都道府県内、同じ市区町内など**引っ越し先がそう遠くない場合は、今の園の**

園長や理事長に聞いてみることをおすすめします。園長・理事長研修会等で交流があることも多く、思わぬ情報をゲットできる可能性があります。「今の園とカラーの似ている園を探したい」と伝えれば喜ばれて、私立幼稚園のネットワークを通じて調べてもらえるかもしれませんよ。

結果的に希望どおりではない園に転園させることになったとしても、**子どもの適応力を信じましょう**。子どもはママより早く順応します。また、この少子化の時代に立派に生き残っている園なのですから、その園には在園児のママたちに支持されている良さがあることは間違いありません。

ようちえん
新しい幼稚園
楽しみね～
○○です。
よろしく
お願い
します
と言いつつ
ドキドキ…
あっ、もう
なじんでる！
ありがとう！
ホッ
ママも
気楽にね！

人間関係力が上がる！

“半径100m”のママ友とのおつきあいの法則

- □ 「仲良くしない」と「おつきあいしない」はイコールじゃない 113ページへ
- □ 今のママ友だけがすべてじゃない 122ページへ
- □ 男の子のママは女の子のママと仲良くなるとお得！ 123ページへ
- □ 「今度ランチでも」と言われたら一度はのってみる 125ページへ
- □ 最初の自己紹介で自分のウィークポイントを伝えておく 127ページへ
- □ 主婦もワーキングママもＰＴＡへの参加目的は一緒です 129ページへ
- □ 幼稚園、小学校、中学校…ママ友の距離感は変化していい 130,132ページへ
- □ ウマが合わないというのは思い込みの場合も〝笑顔で挨拶〟ができればどこでもやっていける 132ページへ

半径0m

――大切にしたい、家族の時間

半径0mといえば、家族の関係。
子どもが小さい頃の
親子関係と夫婦関係は家族の基盤となり、
各人のその後の人生に大きくかかわってくるのですが、
渦中にいるときはそのことになかなか気づけません。
今できること、今すべきことは何？
という視点を忘れずに、どうぞ今を大切に！

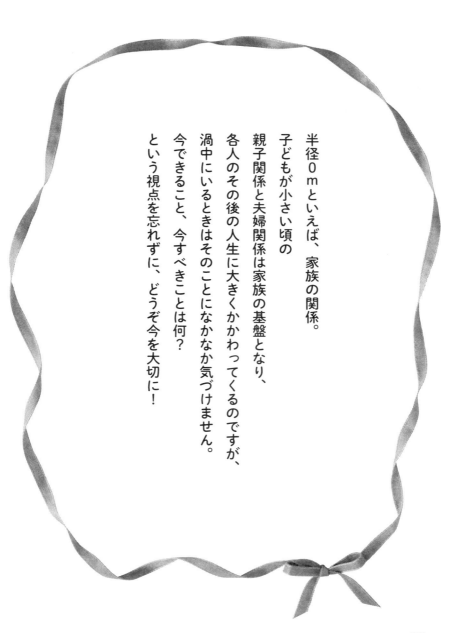

ママ友関係の前に見直したい親子関係

子育ては家づくりに似ています。幼児期の子育ては、家で例えれば土台づくりの時期。土台がしっかりしている家は、台風や地震に見舞われても踏ん張れます。同じように、幼児期に人としての土台がしっかり出来上がると、その後に遭遇するかもしれないつらいこと、悲しいこと、人生の選択など大きな壁に対して「自分なら乗り越えられる」と自分を信じられる人間になれるのです。幼児期にわが子と自分の関係に目配りすることで、人としての土台づくりに親として貢献できたらこんなうれしいことはありません。

土台を強固にするためにはどうすればよいか――。

大事なことは、時々子育てを振り返ることです。自分は間違いなくわが子に良かれと思うやり方で子育てをしている、と信じて疑わない親は振り返ることをしません。ブルドーザーのようにばく進あるのみです。その意味では、**子育てに悩むとい**

うのはとても価値のあることなのです。悩んだときは立ち止まって、「これでよかったの？」と振り返りますものね。

「うちの子、なんだか育てにくいな」と感じることがあったら、それはわが子からの「違うやり方を試してくれないかな」というサインだと考えると、とてもありがたいことだと思えてきませんか？

「ママのそういうやり方はぼく（わたし）は嫌い」

「ママはそう言うけど、ぼく（わたし）は納得できない」

と思う子どもは、よくぐずったり、言うことをきかなかったり、機嫌が悪くなったりします。

それを親は「育てにくい子」と表現しますが、子どもの側から表現すれば「ぼく（わたし）は今、育ちにくい」ということになるのです。

きょうだいでも、上の子のときはこのやり方でうまくいったのに、どうして下の子には通用しないのだろうと思うことがあるでしょう。子育てに「完璧」や「絶対」はないので、子ども一人ひとりに合わせて微調整する必要があります。

ママ友の距離感
半径0m

私は本書でここまで、ママ友づきあいは面倒な部分もあるけれども、ママ友をバッサリ切り捨ててしまうのはもったいないという論調で書き進めてきました。というのも、子育てのやり方を微調整するときにもママ友の存在は役に立つからです。わが子から「違うやり方はないの？」とサインを送られても、これまでのやり方を変えるのは簡単なことではありません。悩みながらであっても「このやり方がいいはず」と思ってやってきたのですからね。

そんなとき、身近なママ友の子育てから、あるいは自分とは価値観が違うと感じるママ友、極端なことを言えば半径１００ｍどころか何キロも離れていたいようなママ友の子育てから、**自分には思いもつかなかった言い方、やり方を発見できることがあります**。その言い方、やり方をわが子に試してみたら、わが子とぶつかることが減ったというママが実際にいます。

親子関係を見直すと、ママ友関係にも変化が起きるかもしれません。

わが子には惜しみない、自尊感・自己肯定感を育む言葉を！

ママはパパに比べて子どもと過ごす時間が長いぶん、わが子の「気になるところ」がたくさん目に入ってきます。そして、母性とでも言うべきなのか、「私の力（努力）でその部分を直したい」と考えがちです。

その結果、

「○○しないでこうしなさい」

「□□してはダメ」

「どうして同じことばかり言わせるの」

というセリフがどんどん増えてきてしまいます。

こうした否定語ばかり言われ続けた子どもには、自尊感や自己肯定感が育ちにくいと言われています。そりゃそうですよね、いつも叱られてばかりでは「自分はダメな子なのか」という思いが募ってくるものです。もちろん、「道路に急に飛び出してはダメ」といった命にかかわるルールは何度も繰り返し言って教え込むものですから、話は別です。

ママが直してやりたいと思うことは、多くは性格的なことです。引っ込み思案、我慢ができない、自分の意見を主張しない、主張しすぎる、マイペースすぎるなど。

でも、よく考えてみましょう。子ども本人は、それを「直すべき悪いこと」と思っているでしょうか。自分の〝素《す》〟がそうだというだけであったり、年齢的にそのことで人に迷惑がかかる場合があることを認識していなかったりするだけではないでしょうか。それなのにママがガミガミ言っても、子どもが直せるとは思えません。いいえ、そもそも直そうと考えないでしょう。実際心理学者も、前者は「自分のこういう性格を変えたい」と本人が思ったとき、後者は「自分の行動のせいで周りに迷惑がかかっている」と本人が自覚したときか、友達に「そこんとこ変えたほうがいいいんじゃない？」と指摘されたときに変化が起こると言っています。それはおむね10歳以降のことだそうです。

幼児期は「ダメ、ダメ」と言い募るよりも、自尊感や自己肯定感を育むような言葉がけを心がけるほうが価値があります。子どものあるがままを受け止め、丸ごと認めるような言葉がけが大切です。

難しく考えなくても大丈夫。たとえば、

「○○ちゃんの笑い声を聞くとママは元気が出るよ」

「あなたが生まれてきてくれて、パパもママもとっても幸せ」

「毎朝元気におはようと挨拶してくれてうれしいよ」

「ママはあなたが大好き」

などなど。こうした言葉をふんだんに浴びて育った子どもは、自分はパパやママに愛されている、自分にはいいところがいっぱいある、この家は居心地がいいと感じてこの先も健やかに育っていきます。

このように幼児期に自尊感、自己肯定感を育めた子どもは、思春期というアイデンティティ（自己同一性）を確立する時期に、自分の得手不得手を認めつつ、将来こういうことをしたい、将来こういう大人になりたいのが自分だと考えられるようになります。「自分で自分を認めることができる」ことは、何物にも代えがたい原動力となるのです。

さぁ、今日からわが子のいいところ探しを始めましょう。そして本人に伝えてあげてくださいね、繰り返し何回でも。

パパの子育てを点から線へ、線から面へ

幼稚園児のパパのほとんどは働き盛りの年代。仕事が忙しくて平日は子どもとすれ違いだったり、土日が出勤で子どもとなかなか遊べなかったりということも多いでしょう。そうすると、子どもとは「日曜日」とか「朝」とかいった〝点〟で接していることになります。ママはおおむね〝線〟で子どもとつながっていると言っていいはずです。

パパが子どもと接した昨日の朝の点と、今朝の点と、明朝の点をつなげて線にす

る。あるいは先週の日曜日の点と、今週の日曜日の点と、来週の日曜日の点をつなげて線にする。**点と点の間を埋めていく。それがママの役割**です。

乳児の頃はママからパパにさまざまな報告があったことでしょう。

「今日、初めて笑った」
「今日、初めて寝返りをうったの」
「今日、初めてつかまり立ちをしたよ」

と。さて、幼稚園に通い出した今、報告の頻度はいかがでしょう。無事に過ごせているからと、報告が少なくなっていませんか？　たまにパパと話すことといえば、

「○○がお友達にケガをさせたみたいなの、どうすればいいかしら」

とか、

「□□ちゃんと△△ちゃんはスイミングスクールに通い始めたそうなんだけど、うちはどうする？」

といった相談事ばかりになっていませんか？

子どもの話題が相談事ばかりでは、パパも楽しくありません。つい、

「君に任せるよ」

「ママの思うようにやっていいよ」
みたいな返事になってしまいます。

でも、子どもとのつながりがママのおかげで線になっていれば、「そうだね、こうしてはどうかな？」という返事が返ってくることが期待できますよ。そのためには、**ママがさまざまな楽しい話題を毎日パパと共有することが大切です。いわば、子ども情報を毎日アップデートする**ようなもの。

たとえば、
「今日、○○が空を見てこんなことを言ったのよ、素敵な表現で感動しちゃった」
「今日幼稚園で、○○が年少組の子を泣きやませて一緒に遊んであげたんですって、お姉ちゃんになったわね」

などどんなことでもよいので、パパがわが子の成長を感じられる話題を探してください。

パパと子どもが線でつながるようになると、ママを含めた家族で見たときには、子ども一人なら三角形に、子ども二人なら四角形になり、〝線〟が〝面〟に昇格します。点や1本の線では受け止めにくいことも、面なら受け止められる。面が出来**上がっている家族はちょっとやそっとのことでは動じません**。

前の項で書いた子どものいいところ探しでも、ぜひパパを活用してください。わが子のいいところをパパに聞いてみると、あら不思議、ママが思うのと違うところを挙げてくるはずです。「○○は興味関心の幅が広くていいよね」と言われ、「えー、私は移り気で飽きっぽいと思っていたのに」なんてびっくりするかもしれません。ここが、親二人でする子育ての醍醐味。**子どもはママとパパ、異なる二つの視点で見つめられて、より豊かにのびのびと育っていきます**。一人親家庭で頑張っているママは、自分の親やきょうだい、担任の先生にいいところ探しを手伝ってもらってくださいね。

忘れてない？ 見つめ直したい自分自身の距離

子育てに奮闘中のあなたはきっと、〝母全開モード〟になっていらっしゃることでしょう。実際、子育ては大変です。園や学校に持たせる物の準備といった細かいことから、子どもが事故に遭わないか目を配り、食事や健康に気を配るといった大きなことまで、日々頑張っていらっしゃる。本書ではおまけに、ママ友づきあいも上手に乗り切れ、だなんて注文まで！

ついつい自分のことはあと回しになっているのではないかとお察ししますが、こんな**慌ただしい毎日だからこそ、自分のための時間を大事にしてほしい**のです。

子どもや周りを優先して自分自身との距離を見失ってしまうと、子どものことでもママ友のことでも、小さな悩みがいつまでもまとわりついて離れません。次第に煮詰まって、

「今できることは待つこと」
「あの人はあの人、私は私」

といった発想の転換すらできなくなってしまいます。

子どもが園や学校に行っている時間を活用したり、あるいはパパやバァバに下の子を任せられる時間を見つけだしたりして、**短時間でもいいから母モードから離れ**

て自分のしたいことをぜひ楽しんでください。学生時代の友人と会ってもいいし、一人で映画を観てもいい。ショッピングに出かけてもいいし、一人カラオケを満喫してもいいのです。私は子どもと夫を夏休みに実家に送り出し、長期の〝一人時間〟を確保したことがありますよ。

子育て中であっても、したいことをする時間は大事。リフレッシュして、それでまた明日から頑張れるのですから、ママにとってだけではなく、みんなにとって有意義です。「エネルギーをチャージしたい」と宣言してもバチは当たりません。

夫婦の距離は離れていませんか？

そして、最後の最後に書いておきたいのが夫婦の距離。

どうしても「子どものパパ」として見てしまうことの多い夫ですが、「あなたの夫」がスタートだったのですよね。「子どもは私が産んだけど、パパとは所詮他人」と言い放つママがいるけれど、他人の良さを認めて夫婦になれたのはある意味、奇跡です。数いる人間の中から一人を選び、選ばれたなんて奇跡以外の何物でもありません。

その〝初心〟を忘れず、元は他人であったパートナーがいつもそばにしてくれることを喜び、ともに過ごせることに感謝したいものです。

子どもとの距離だけ縮め、夫との距離に目を向けないでいると、知らず知らずのうちにすき間が広がります。

今、夫婦で一緒に楽しめる〝何か〟がありますか？　今の時期はそれが家族で楽しめることでもよいのですが、いずれ子どもが巣立ったとき、夫婦二人でも引き続き楽しめる〝何か〟を今のうちに見つけておくと絆がより強固なものになります。散歩でも、スポーツ観戦でも、家庭菜園でも、撮り鉄と食べ鉄の旅でもなんでもOK。かすがいである子どもが巣立ったら夫婦をつなぎとめるものがなくなった、なんていうことにならないように。

子どもの側から言えば、両親は生きていくうえでのロールモデルです。今、**両親が生き生きと毎日を暮らし、仲良く幸せに過ごしている姿の中に、自分の未来の幸**

せを見るのです。そして、自分もママ、パパのような大人になりたいなと将来が楽しみになる。それが思春期を健全に乗り切る力となります。

「私って今、生き生きと過ごしている？」——時々そんなふうに自問すると、さまざまな事柄にどう対処していくとよいかの道筋が必ず見えてくると思います。その道筋を進むとき、家族だけでなく身近なママ友も、良き道連れになってくれることを祈っています。

強固なあなたの土台をつくる！

“半径0m”の家族とのいい距離感の法則

- □ 親子関係に行き詰まったときほど、ママ友の子育てを取り入れてみる 143ページへ
- □ 10歳以下の子どもには「ダメ」よりいいところ探し重視を！ 146ページへ
- □ パパには子育て相談より、成長がわかるエピソードを 149ページへ
- □ 子育て中であってもしたいことをする時間をもとう 152ページへ
- □ 夫婦二人で楽しめることをもとう 154ページへ

著者紹介

西東桂子

幼児教育ジャーナリスト・編集者。1998年まで月刊「幼稚園ママ」(朝日新聞社出版局)編集長、2018年まで月刊「あんふぁん」(サンケイリビング新聞社)巻頭特集監修者を務めるなど、数多くの幼稚園、幼児教育専門家の取材をおこなうかたわら私立幼稚園での保育ボランティアを2000年度から継続。幼稚園とのかかわりは24年になり、子どもの育ちや幼稚園の人間関係に悩む親や保育者からの講演依頼も絶えない。本書は読むだけで"ママ友"関係がラクになる著者からの応援メッセージである。著書に『まるわかり幼稚園ライフ』(ポット出版)、『保護者の心をつかむ保育コミュニケーション力』(チャイルド本社)など。

「あ〜めんどくさい!」と思《おも》った時《とき》に読《よ》む

ママ友《とも》の距離感《きょりかん》

2018年8月1日　第1刷

著　　者　西《さい》東《とう》　桂《けい》子《こ》

発 行 者　小澤源太郎

責任編集　株式会社 プライム涌光

電話　編集部　03(3203)2850

発 行 所　株式会社 青春出版社

東京都新宿区若松町12番1号 〒162-0056

振替番号　00190-7-98602

電話　営業部　03(3207)1916

印　刷　中央精版印刷　　製　本　大口製本

万一、落丁、乱丁がありました節は、お取りかえします。

ISBN978-4-413-23094-0 C0077